VALUATION

*Como Avaliar Empresas e
Escolher as Melhores Ações*

O GEN | Grupo Editorial Nacional – maior plataforma editorial brasileira no segmento científico, técnico e profissional – publica conteúdos nas áreas de ciências sociais aplicadas, exatas, humanas, jurídicas e da saúde, além de prover serviços direcionados à educação continuada e à preparação para concursos.

As editoras que integram o GEN, das mais respeitadas no mercado editorial, construíram catálogos inigualáveis, com obras decisivas para a formação acadêmica e o aperfeiçoamento de várias gerações de profissionais e estudantes, tendo se tornado sinônimo de qualidade e seriedade.

A missão do GEN e dos núcleos de conteúdo que o compõem é prover a melhor informação científica e distribuí-la de maneira flexível e conveniente, a preços justos, gerando benefícios e servindo a autores, docentes, livreiros, funcionários, colaboradores e acionistas.

Nosso comportamento ético incondicional e nossa responsabilidade social e ambiental são reforçados pela natureza educacional de nossa atividade e dão sustentabilidade ao crescimento contínuo e à rentabilidade do grupo.

ASWATH DAMODARAN

VALUATION

*Como Avaliar Empresas e
Escolher as Melhores Ações*

2ª edição

Tradução e Revisão Técnica

Afonso Celso da Cunha Serra

Tradutor. Graduado em Direito pela Pontifícia Universidade Católica do Rio de Janeiro (PUC-Rio) e em Administração Pública pela Escola Brasileira de Administração Pública e de Empresas da Fundação Getúlio Vargas (FGV EBAPE).
Especialista em Tradução (Inglês-Português) pela PUC-Rio.
Professor da Pós-Graduação em Tradução (Inglês-Português) da PUC-Rio.
Membro da Ordem dos Advogados do Brasil – Seção RJ (OABRJ).

- O autor deste livro e a editora empenharam seus melhores esforços para assegurar que as informações e os procedimentos apresentados no texto estejam em acordo com os padrões aceitos à época da publicação. Entretanto, tendo em conta a evolução das ciências, as atualizações legislativas, as mudanças regulamentares governamentais e o constante fluxo de novas informações sobre os temas que constam do livro, recomendamos enfaticamente que os leitores consultem sempre outras fontes fidedignas, de modo a se certificarem de que as informações contidas no texto estão corretas e de que não houve alterações nas recomendações ou na legislação regulamentadora.
- Data do fechamento do livro: 25/04/2025.
- O autor e a editora se empenharam para citar adequadamente e dar o devido crédito a todos os detentores de direitos autorais de qualquer material utilizado neste livro, dispondo-se a possíveis acertos posteriores caso, inadvertida e involuntariamente, a identificação de algum deles tenha sido omitida.
- **Atendimento ao cliente: (11) 5080-0751 | faleconosco@grupogen.com.br**
- **Traduzido de:**
  The Little Book of Valuation: How to Value a Company, Pick a Stock, and Profit, Updated Edition.
  Copyright © 2024 by Aswath Damodaran.
  All rights reserved. This translation published under license with the original publisher John Wiley & Sons, Inc.
  ISBN: 978-1-394-24440-9
- Direitos exclusivos para a língua portuguesa
  Copyright © 2025 by
  Editora Atlas Ltda.
  Uma editora integrante do GEN | Grupo Editorial Nacional
  Travessa do Ouvidor, 11
  Rio de Janeiro – RJ – CEP 20040-040
  www.grupogen.com.br
- Reservados todos os direitos. É proibida a duplicação ou reprodução deste volume, no todo ou em parte, em quaisquer formas ou por quaisquer meios (eletrônico, mecânico, gravação, fotocópia, distribuição pela Internet ou outros), sem permissão, por escrito, da Editora Atlas Ltda.
- Capa: Rejane Megale
- Editoração eletrônica: Arte & Ideia
- Ficha catalográfica

[CIP-BRASIL. CATALOGAÇÃO NA PUBLICAÇÃO
SINDICATO NACIONAL DOS EDITORES DE LIVROS, RJ

D171v
2. ed.

    Damodaran, Aswath, 1957-
    Valuation : como avaliar empresas e escolher as melhores ações / Aswath Damodaran ; tradução e revisão técnica Afonso Celso da Cunha Serra. - 2. ed. - Barueri [SP] : Atlas, 2025.
    24 cm.

    Tradução de: The little book of valuation : how to value a company, pick up a stock, and profit, update edition
    ISBN 978-65-5977-719-8

    1. Administração financeira. 2. Empresas - Avaliação. 3. Avaliação (Finanças). I. Serra, Afonso Celso da Cunha. II. Título.

25-96828.0

CDD: 658.15
CDU: 658.15

Meri Gleice Rodrigues de Souza - Bibliotecária - CRB-7/6430

A todos que se submeteram a meus longos discursos sobre avaliação, esta é a minha penitência.

Prefácio

Você sabe o quanto realmente vale uma ação da Google, da Tesla ou da NVidia? E aquele apartamento ou aquela casa que você acabou de comprar? Isso é importante para você? Saber o valor de uma ação, de um título de dívida ou de um imóvel talvez não seja pré-requisito para investimentos bem-sucedidos, mas ajuda investidores individuais como você a fazerem julgamentos mais esclarecidos.

A maioria dos investidores encara a avaliação de ativos como uma tarefa assustadora – algo complexo e complicado demais para a sua capacidade. Em consequência, deixam o trabalho por conta de profissionais (analistas de pesquisa de ações, avaliadores) ou simplesmente ignoram totalmente esse recurso. Acho que a avaliação, em essência, é simples, e qualquer pessoa que se disponha gastar algum tempo coletando e analisando informações é capaz de fazê-la. Neste livro, espero mostrar como isso é possível. Também espero eliminar a mística que cerca as práticas de avaliação e oferecer maneiras pelas quais é possível analisar as avaliações de profissionais e verificar até que ponto elas fazem sentido.

Embora os modelos de avaliação possam envolver muitos detalhes, o valor de uma empresa depende de alguns vetores básicos, que podem variar entre diferentes negócios e situações. Em busca desses **vetores de valor**, considerarei não só a trajetória que permeia o ciclo de vida do negócio, desde novos empreendimentos em crescimento, como a Zomato – empresa indiana on-line de entrega de comida –, até companhias maduras, como a Unilever, mas também o percurso que atravessa diversos setores, de empresas de commodities, como a Royal Dutch, a empresas de serviços financeiros, como o Citigroup. No aplicativo uValue para iPhone/iPad que complementa este livro, você pode não só visualizar planilhas contendo essas avaliações, mas também modificar ou atualizar os números e analisar os efeitos de mudanças.

E aqui entra uma possibilidade de ganho: ao compreender os vetores de valor de uma empresa, você começará a identificar os *jogos de valor* – ações que são pechinchas de investimento. Ao chegar ao fim do livro, espero que você seja capaz de estimar o valor de qualquer empresa ou negócio em que esteja interessado e que aplique os conhecimentos adquiridos com sua leitura para atuar como investidor, não só mais esclarecido, mas também mais exitoso. Você conseguirá se destacar como investidor bem-sucedido e acumular riqueza com suas novas capacidades? Não necessariamente, mas o livro proporcionará as ferramentas para que não cometa erros e não caia em armadilhas.

Pé na estrada.

Para baixar o aplicativo uValue, desenvolvido pelos professores Aswath Damodaran e Anant Sundaram, siga estes passos:

1. **Acesse a App Store** no seu dispositivo iOS (iPhone ou iPad).
2. **Pesquise por "uValue"** na barra de busca.
3. **Selecione o aplicativo** nos resultados da pesquisa. O uValue é um aplicativo gratuito.
4. **Toque em "Obter"** para iniciar o download e a instalação.

Observe que o uValue está disponível apenas para dispositivos iOS e no idioma inglês.

Sumário

Saia na Frente — Fundamentos da Avaliação

CAPÍTULO UM
Valor — Mais que um Número! 3

CAPÍTULO DOIS
Ferramentas do Ofício 11

CAPÍTULO TRÊS
Todos os Ativos Têm Valor Intrínseco 29

CAPÍTULO QUATRO
Tudo É Relativo! 51

CAPÍTULO CINCO
Histórias e Números 69

Do Berço ao Túmulo — Ciclo de Vida e Avaliação

CAPÍTULO SEIS
Promessas Pródigas 91

CAPÍTULO SETE
Dores do Crescimento 111

CAPÍTULO OITO
Viagra da Avaliação 129

CAPÍTULO NOVE
Apocalipse 141

Quebrando o Molde – Situações Especiais em Avaliação

CAPÍTULO DEZ
Quando se Trata de Bancos 155

CAPÍTULO ONZE
Investimentos em Montanhas-Russas 171

CONCLUSÃO
Regras do Jogo 185

Índice Alfabético 189

Saia na Frente — Fundamentos da Avaliação

Capítulo Um

Valor — Mais que um Número!

~

Conhecendo o Terreno

Oscar Wilde definiu o cínico como alguém que "sabe o preço de tudo e o valor de nada". O mesmo se pode dizer de muitos investidores que veem o investimento como um jogo e acreditam que vencer é se manter à frente dos demais.

Um postulado do bom investimento é o investidor não pagar mais por um ativo do que seu valor justo. Uma consequência dessa proposição é a necessidade de pelo menos tentar avaliar antecipadamente o que se pretende comprar. Há quem argumente que o valor está nos olhos do observador e que qualquer preço é justificável se houver outros investidores que considerem que o investimento vale aquela quantia. Trata-se de um absurdo notório. As percepções podem ser tudo o que importa quando o objeto é uma pintura ou uma escultura, mas os ativos financeiros devem ser adquiridos com base na expectativa dos fluxos de caixa a serem recebidos no futuro. O preço de uma ação não se justifica apenas pelo argumento de que haverá outros investidores dispostos a pagar preço mais alto no futuro. Isso seria o equivalente a participar de um jogo de dança das cadeiras valendo dinheiro, o que, em última instância, se resume a: Onde você estará quando a música parar?

DUAS ABORDAGENS À AVALIAÇÃO

No cômputo geral, há dezenas de modelos de avaliação, mas apenas duas abordagens de avaliação: *intrínseca* e *relativa*. Na *avaliação intrínseca*, partimos de uma proposição simples: o valor intrínseco de um ativo é determinado pelos fluxos de caixa que se espera que sejam gerados pelo bem durante sua vida útil e pelo grau de incerteza a eles associados. Ativos com fluxos de caixa altos e estáveis devem valer mais que ativos com fluxos de caixa baixos e voláteis. Deve-se pagar mais por imóveis com aluguéis mais altos e locatários mais estáveis e duradouros que por outros mais especulativos, com aluguéis mais baixos e taxas de vacância mais variáveis.

Embora o foco, em princípio, deva concentrar-se na avaliação intrínseca, a maioria dos ativos é avaliada em bases relativas. Na *avaliação relativa*, estima-se o valor do ativo com base nos preços de mercado de ativos semelhantes. Assim, ao determinar quanto pagar por uma casa, verifica-se por quanto são vendidas casas semelhantes no bairro. Quando se trata de ações, compara-se seu preço ao de ações similares, geralmente em seu "grupo de pares". Assim, a Exxon Mobil será considerada uma ação a comprar se ela estiver sendo negociada por preço correspondente a oito vezes o lucro por ação, enquanto as ações de outras empresas de petróleo estão sendo negociadas a 12 vezes o lucro por ação. Como essa abordagem de atribuir um preço a um negócio ou ativo é filosoficamente diferente da avaliação intrínseca, por se basear menos em fundamentos e mais no que outras pessoas estão dispostas a pagar, adotaremos o termo "precificação" para denotar a avaliação relativa.

A avaliação intrínseca fornece uma imagem mais ampla dos fatores determinantes do valor de um negócio ou ação; em certas situações, porém, a precificação gera uma estimativa mais realista do preço que o mercado efetivamente se dispõe a pagar hoje por um negócio ou ação. Embora nada o impeça de usar ambos os métodos para atribuir um número ao mesmo investimento, é imprescindível que você defina com clareza se sua missão é estimar o valor intrínseco de um ativo ou o preço de mercado de um ativo, pois as ferramentas necessárias para cada uma dessas finalidades são diferentes.

POR QUE SE IMPORTAR?

Os investidores chegam ao mercado com uma ampla variedade de filosofias de investimento. Alguns são *market timers*, ou oportunistas de mercado, que procuram comprar antes das altas do mercado, enquanto outros acreditam na escolha de ações com base no potencial de crescimento e de rentabilidade futura.

Alguns mergulham nos gráficos de preços e se classificam como técnicos, enquanto outros calculam índices financeiros e juram pela análise fundamentalista, em que prospectam os fluxos de caixa específicos que a empresa pode gerar no futuro e estimam o valor com base nessa capacidade de geração de caixa. Alguns investem em busca de ganhos a curto prazo, enquanto outros almejam lucros a longo prazo. Saber avaliar ativos é útil para todos esses investidores, embora a participação desse recurso no processo varie de caso para caso. Os oportunistas de mercado podem usar as ferramentas de avaliação ou precificação no começo do processo para determinar se um grupo ou uma classe de ativos (ações, títulos de dívida ou imóveis) está subavaliada ou sobreavaliada, enquanto os analistas fundamentalistas podem basear-se em avaliações de diferentes empresas para verificar que ações estão baratas ou caras. Mesmo os analistas técnicos (incluindo grafistas) podem recorrer a avaliações para detectar mudanças no *momentum* ou impulso, quando uma ação em trajetória ascendente muda de curso e começa a cair ou vice-versa.

Cada vez mais, contudo, a necessidade de estimar o valor ou preço vai além da análise de investimentos e da gestão de portfólios. Fazem-se avaliações e precificações em todas as fases do ciclo de vida das empresas. Nos pequenos empreendimentos em vias de expansão, a avaliação e a precificação desempenham papel fundamental na hora de procurar capitalistas de risco (*venture capitalists*) ou investidores em empresas de capital fechado (*private equity*) como fontes de fornecimento de capital próprio. A participação societária que ambos exigirão em troca de seus investimentos dependerá do valor (precificação) que atribuírem à empresa. À medida que as empresas crescem e decidem abrir o capital para a negociação de suas ações em bolsas de valores, suas estimativas do que elas valem determinarão o preço de lançamento das ofertas públicas no mercado. Depois de estabelecidas como empresas de capital aberto, as decisões referentes a destino dos investimentos, níveis de endividamento e remuneração dos investidores serão afetadas pelas percepções de seu impacto no valor da empresa. Mesmo a contabilidade não está imune. A tendência global mais significativa nas normas contábeis é para a *value accounting*, ou contabilidade pelo valor justo, segundo a qual os ativos e passivos são avaliados no balanço patrimonial pelo valor justo, e não pelo custo original. Assim, mesmo a leitura superficial das demonstrações financeiras exige conhecimento dos fundamentos da avaliação e noção básica de precificação.[1]

ALGUMAS VERDADES SOBRE AVALIAÇÃO

Antes de mergulhar nos detalhes da avaliação, vale a pena considerar algumas verdades amplas sobre avaliação que lhe proporcionarão não só certa perspectiva ao examinar avaliações alheias, mas também algum conforto ao fazer suas próprias avaliações.

Todas as Avaliações São Tendenciosas

Nunca se começa a avaliar uma empresa ou ação como uma tábula rasa. Com muita frequência, já se tem opiniões sobre a empresa antes de introduzir os números nos modelos e critérios adotados. Como seria de esperar, suas conclusões tendem a refletir seus vieses. Os vieses do processo começam com as empresas escolhidas para avaliação. Essas escolhas não são aleatórias. Pode ser que se tenha lido alguma coisa na imprensa (boa ou má) sobre a empresa ou ouvido comentários na televisão de que determinada empresa estava subavaliada ou sobreavaliada. E continua quando se coletam as informações necessárias para avaliar a empresa. O relatório anual e outras demonstrações financeiras incluem não só os números contábeis, mas também análises da administração sobre o desempenho, em geral conferindo a melhor roupagem possível aos números.

Quando se trata de analistas profissionais, outros *fatores institucionais* se acrescem a esses vieses já substanciais. Os analistas de ações, por

---

[1] N.R.T.: Ver Maria Helena Pattersson et al. "Valor Justo" (*fair value measurements*). In: Ernst & Young e FIPECAFI, *Manual de Normas Internacionais de Contabilidade - IFRS versus Normas Brasileiras*. São Paulo: Atlas, 2010.

exemplo, costumam emitir mais recomendações de compra do que de venda, por causa da necessidade de manter boas relações com as empresas sob seu acompanhamento e em razão das pressões que enfrentam dos próprios empregadores, que almejam outros negócios dessas empresas. Adicionem-se a esses fatores institucionais as *estruturas de recompensas e punições* associadas à descoberta de empresas subavaliadas ou sobreavaliadas. Os analistas cuja remuneração depende de encontrar empresas baratas ou caras serão influenciados nessas direções.

Os inputs usados na avaliação refletem a inclinação otimista ou pessimista do avaliador. Portanto, é mais provável que se usem taxas de crescimento mais altas e que se vejam menos riscos em empresas em relação às quais se tem predisposição positiva. Também existe o *polimento pós-avaliação*, quando se aumenta o valor estimado mediante o acréscimo de ágios decorrentes de certos aspectos positivos (sinergia, controle e qualidade da administração) ou se reduz o valor estimado mediante a imposição de descontos resultantes de certos aspectos negativos (iliquidez e risco).

Sempre seja honesto a respeito de seus vieses: Por que você escolheu essa empresa para avaliar? Você gosta ou não gosta da administração da empresa? Você já tem ações da empresa? Se possível, ponha esses vieses no papel, antes de começar. Além disso, restrinja sua pesquisa sobre os antecedentes da empresa a fontes de informações, não a fontes de opiniões; em outras palavras, passe mais tempo analisando as demonstrações financeiras da empresa do que lendo relatórios de analistas de ações sobre a empresa. Se estiver examinando uma avaliação feita por outra pessoa, sempre considere as razões da avaliação e os vieses potenciais que podem ter afetado os julgamentos do analista. Como regra geral, quanto mais vieses houver no processo, menos peso você deve atribuir à avaliação.

A Maioria das Avaliações (Mesmo as Boas) Está Errada

Desde o começo da vida, você aprende que, se seguir os passos certos e usar os modelos corretos, receberá a resposta correta e que, se a resposta for imprecisa, você deve ter feito algo errado. Embora a exatidão, em matemática ou física, seja uma boa medida da qualidade do processo, esse critério é mau indicador de qualidade em avaliação. Por vários motivos, as melhores estimativas do futuro não baterão com os números reais. Primeiro, mesmo que as fontes de informações sejam impecáveis, é preciso converter informações brutas em previsões, e quaisquer enganos cometidos nesse estágio acarretarão *erros de estimativa*. Segundo, o caminho visualizado para a empresa pode mostrar-se absolutamente irrealista. É possível que a empresa, na realidade, apresente desempenho muito melhor ou muito pior que o esperado, gerando, em consequência, lucros e caixa muito diferentes das estimativas; encare essa tendência como a *incerteza específica da empresa*. Ao avaliar a Cisco em 2001, por exemplo, subestimamos em muito a dificuldade que ela enfrentaria para manter o mesmo nível de crescimento com base em aquisições de outros negócios, e, em consequência, superavaliamos seu potencial. Finalmente, mesmo que a empresa evolua exatamente conforme as expectativas, o ambiente macroeconômico está sujeito a mudanças acentuadas, tomando rumos imprevisíveis. As taxas de juros podem subir ou descer e a economia pode sair-se muito melhor ou pior que o esperado. Nossa avaliação da Marriott, de novembro de 2019, parece, em retrospectiva, otimista demais, pois não previmos a pandemia em 2020 e suas consequências econômicas para o negócio de hospedagem.

A intensidade e o tipo de incerteza variam entre diferentes empresas, acarretando consequências para os investidores. Uma implicação é que não se deve julgar a razoabilidade de uma avaliação com base na aparente exatidão, uma vez que se enfrenta mais incerteza ao avaliar uma empresa jovem do que quando se avalia uma empresa madura. Outra é que não adianta evitar situações de incerteza. Recusar-se a avaliar uma empresa por considerar muito incertas suas perspectivas para o futuro não faz sentido, pois qualquer pessoa que analise a empresa deparará com a mesma incerteza. Finalmente, compilar mais informações e submetê-las a mais análises nem sempre resultará em menos incerteza, porquanto ela não decorre apenas de equívocos de estimativa, mas também da insegurança inevitável inerente ao futuro.

Mais Simples Pode Ser Melhor

As avaliações se tornaram cada vez mais complexas nas duas últimas décadas, devido a duas tendências. De um lado, os computadores e as calculadoras estão mais poderosos e baratos, facilitando a análise de dados. De outro, as informações estão mais completas, acessíveis e práticas.

Um ponto fundamental em avaliação é o nível de detalhes a incluir no processo, e aqui o trade-off, ou opção excludente, é notório. Mais detalhes possibilitam o uso de informações mais específicas para melhorar as previsões, mas também implicam mais inputs, aumentando a probabilidade de erros e gerando modelos mais complexos e opacos. Com base no princípio da parcimônia, comum em ciências físicas, eis uma regra básica: ao avaliar um ativo, adote o modelo mais simples possível. Se for possível avaliar um ativo com três inputs, não use cinco. Se houver condições de avaliar uma empresa com 3 anos de previsões, projetar os fluxos de caixa nos próximos 10 anos é procurar problema. Menos é mais.

DÊ A PARTIDA NO MOTOR!

A maioria dos investidores prefere não avaliar empresas, para o que apresenta várias desculpas: os modelos de avaliação são muito complexos, não se dispõe de informações suficientes ou o grau de incerteza é muito grande. Ainda que todas essas alegações tenham um fundo de verdade, elas não são motivo para nem tentar a avaliação. Os modelos podem ser simplificados, é possível arranjar-se com as informações disponíveis e – sim – o futuro sempre será incerto. Em retrospectiva, você estará errado? Sem dúvida, como qualquer outra pessoa. O sucesso em investimentos decorre não de acertar sempre, mas de errar menos que os outros.

Capítulo Dois

Ferramentas do Ofício

Valor no Tempo, Risco e Estatística

Será que é melhor comprar NVIDIA (NVID), empresa que não paga dividendos agora, mas que tem grande potencial de crescimento e envolve grande incerteza sobre o futuro, ou Altria (MO), empresa que paga altos dividendos com perspectivas de crescimento limitadas e de receitas estáveis? Será que a Altria está barata, em comparação com outras empresas do setor de fumo? Para fazer essas estimativas, é preciso comparar os fluxos de caixa hoje com os fluxos de caixa no futuro, avaliar como o risco afeta o valor e ser capaz de lidar com grande quantidade de informações. As ferramentas para tal são fornecidas neste capítulo.

TEMPO É DINHEIRO

As ferramentas simples em finanças geralmente são as mais poderosas. A noção de que um real hoje é preferível a um real no futuro é bastante intuitiva para ser compreendida pela maioria das pessoas sem o uso de modelos matemáticos. Os princípios do *valor presente* permitem que se calcule exatamente quanto vale em termos de hoje um real a ser recebido ou despendido em algum momento do futuro e que se comparem fluxos de caixa ao longo do tempo, gerados em diferentes épocas.

Por três motivos, o dinheiro ou caixa no futuro vale menos que quantia igual no presente.

1. As pessoas preferem consumir hoje a consumir no futuro.
2. A inflação diminui o poder de compra do dinheiro ao longo do tempo. Um real no futuro comprará menos que um real hoje.
3. O dinheiro ou caixa no futuro talvez não esteja disponível. A espera envolve riscos.

O processo pelo qual se ajustam os fluxos de caixa para refletir esses fatores é denominado *desconto*. A magnitude desses fatores determina a *taxa de desconto*. A taxa de desconto reflete o *retorno real* esperado (refletindo as preferências de consumo), a inflação esperada (para projetar o poder de compra do dinheiro ou caixa) e um prêmio, ou ágio, pela incerteza associada ao fluxo de caixa.

O processo de desconto converte fluxos de caixa futuros em fluxos de caixa presentes, ou em termos de hoje. Cinco são os tipos de fluxos de caixa — fluxo de caixa simples, anuidade ou série, anuidade ou série crescente, perpetuidade ou série infinita e perpetuidade crescente.

Fluxo de caixa simples é um único pagamento ou recebimento em dinheiro ou caixa, em determinado período futuro. O desconto dessa quantia a converte em valor de hoje (ou valor presente) e permite que o usuário compare quantias em diferentes pontos no tempo. O valor presente de uma quantia é calculado da seguinte maneira:

$$\text{Valor Presente (VP)} = \frac{\text{Quantia em período futuro}}{(1 + \text{Taxa de desconto})^{\text{Quantidade de períodos}}}$$

Assim, o valor presente de US$ 1.000 em 10 anos com taxa de desconto de 8% é:

$$\frac{1.000}{(1,08)^{10}} = \text{US\$ } 463,19$$

Mantendo-se constantes os demais fatores, no futuro, o valor presente de um fluxo de caixa será tanto menor quanto mais distante for a data futura e quanto maior for a incerteza sobre seu recebimento.

Anuidade ou *série* é uma sucessão de pagamentos ou recebimentos em dinheiro ou caixa que ocorrem a intervalos regulares, durante período finito. Embora seja possível calcular o valor presente descontando cada pagamento ou recebimento e adicionando os números daí resultantes, também se pode usar a seguinte equação:

$$\text{Pagamento ou recebimento anual} \left[\frac{1 - \frac{1}{(1 + \text{Taxa de desconto})^{\text{Quantidade de períodos}}}}{\text{Taxa de desconto}} \right]$$

Para ilustrar, suponha que você tenha a escolha de comprar um carro por US$ 10.000 à vista ou a prestações anuais de US$ 3.000 por ano, ao fim de cada ano, durante cinco anos. Se a taxa de desconto for de 12%, o valor presente do plano a prestações será:

$$\text{US\$ 3.000} \left[\frac{1 - \frac{1}{(1{,}12)^5}}{0{,}12} \right] = \text{US\$ 10.814}$$

O plano de pagamento à vista, em termos de valor presente, custa menos que o plano a prestações. Essa equação pode ser ajustada para considerar os fluxos de caixa que ocorrem no início de cada ano, e, para tanto, basta que o valor presente seja composto pela taxa de desconto de 12% ao ano, resultando no valor de US$ 12.112 (US$ 10.814 × 1,12).

Anuidade ou *série crescente* é uma sucessão de pagamentos ou recebimentos em dinheiro ou caixa que cresce a uma taxa constante durante determinado período. Suponha que você tenha direito a uma mina de ouro que gerou US$ 1,5 milhão no ano passado e que deve continuar gerando pagamentos nos próximos 20 anos. Supondo uma taxa de crescimento de 3% ao ano na geração de caixa, proveniente de aumentos seja nos preços do ouro, seja nos volumes de produção, e uma taxa de desconto de 10%, para refletir a incerteza sobre esses fluxos de caixa, o valor presente do ouro a ser extraído dessa mina é de US$ 16.146 milhões.* Esse valor aumentará se a taxa de crescimento aumentar e diminuirá se a taxa de desconto aumentar.

---

*Para efetuar esse cálculo, usa-se a seguinte equação de valor presente:

$$= \text{Pagamento ou recebimento } (1+g) \left[\frac{1 - \frac{(1+g)^n}{(1+r)^n}}{(r-g)} \right] = 1{,}5(1{,}03) \left[\frac{1 - \frac{1{,}03^{20}}{1{,}10^{20}}}{(0{,}10 - 0{,}03)} \right] = 16{,}146$$

em que:
g = taxa de crescimento
r = taxa de desconto
n = número
Também é possível chegar ao mesmo número calculando o valor presente de cada pagamento ou recebimento e somando os resultados.

Perpetuidade ou *série infinita* é uma sucessão perene de pagamentos ou recebimentos a intervalos regulares. Obtém-se o valor presente dividindo-se o pagamento ou recebimento pela taxa de desconto.

$$VP = \frac{\text{Geração de caixa de cada período}}{\text{Taxa de desconto}}$$

O exemplo mais comum de perpetuidade ou série infinita é uma obrigação ou bônus que pague juros fixos para sempre. O valor de um *bônus de consolo* que pague US$ 60 por ano, se a taxa de juros for 9%, é:

$$\text{US\$ } 60/0{,}09 = \text{US\$ } 667$$

Perpetuidade crescente é uma sucessão de pagamentos ou recebimentos cujos valores cresçam a uma taxa constante para sempre. O valor presente de uma perpetuidade crescente é calculado com base na seguinte fórmula:

$$\frac{\text{Recebimento esperado no próximo ano}}{(\text{Taxa de desconto} - \text{Taxa de crescimento esperada})}$$

Embora a perpetuidade crescente e a anuidade crescente apresentem vários aspectos em comum, o fato de a perpetuidade crescente durar para sempre impõe restrições à taxa de crescimento. A taxa de crescimento deve ser menor que a taxa de desconto para que a equação funcione. Porém, restrição ainda mais séria é que a taxa de crescimento adotada deve ser mais baixa que a taxa de crescimento nominal da economia, uma vez que nenhum ativo pode gerar pagamento que aumente para sempre, a uma taxa mais acelerada que a do crescimento da economia.

Considere um exemplo simples. Suponha que você esteja avaliando uma ação que tenha distribuído dividendos de US$ 2 no ano passado. Considere a premissa de que o dividendo cresça a 2% ao ano para sempre e que você exija taxa de retorno de 8% ao ano para investir nessa ação, considerando o grau de risco. Com esses dados, é possível avaliar a ação usando um modelo de crescimento perpétuo:

$$\frac{\text{Dividendo esperado no próximo ano}}{\text{Retorno exigido} - \text{Taxa de crescimento esperada}} = \frac{\text{US\$ } 2(1{,}02)}{(0{,}08 - 0{,}02)} = \text{US\$ } 34{,}00$$

Esses fluxos de caixa são os elementos fundamentais de virtualmente todos os ativos financeiros. Obrigações ou bônus, ações e imóveis, em última análise, podem ser desdobrados em conjuntos de fluxos de caixa ou de recebimentos e pagamentos. Se você puder descontar esses fluxos de caixa, também poderá avaliar todos esses ativos.

LIDANDO COM O RISCO

Quando pela primeira vez se negociou com ações, nos séculos XVI e XVII, havia pouco acesso a informações e poucas maneiras de processar as raras informações disponíveis. Apenas os muito ricos investiam em ações, e mesmo esses investidores privilegiados estavam sujeitos a fraudes. À medida que novos investidores entravam no mercado, no começo do século XX, começaram a surgir empresas prestadoras de serviços especializados que coletavam dados sobre retornos e preços de diferentes ações e outros títulos imobiliários e calculavam medidas básicas de risco, embora esses indicadores ainda fossem, em grande parte, simplistas. Por exemplo, ações de ferrovias que pagassem grandes dividendos eram consideradas menos arriscadas que as de empreendimentos industriais ou logísticos.

No começo da década de 1950, um aluno de doutorado na Universidade de Chicago, Harry Markowitz, observou que se poderia estimar o risco de um portfólio como função não só do quanto se investia em cada título e do risco de cada título, mas também de como esses títulos se movimentavam entre si. O risco do portfólio composto de títulos que se movimentavam em diferentes direções, observou, tendia a ser mais baixo do que o risco de cada um dos títulos. Portanto, era preferível manter um portfólio diversificado em vez de investir em ações de uma única empresa.

Como exemplo, considere os riscos a que se está exposto quando se investe em um empreendimento como Disney (DIS). Alguns dos riscos da posição são específicos da empresa: o próximo filme da Marvel de grande orçamento pode sair-se melhor do que o esperado; porém, o mais novo parque temático em Xangai talvez atraia menos público do que as estimativas. Alguns dos riscos afetam não só a Disney, mas também os concorrentes no negócio: uma nova legislação que mude a natureza do negócio de *broadcast* pode alterar a lucratividade das redes da Disney (ABC e ESPN) ou a plataforma de *streaming* Disney⁺, e a avaliação dessas plataformas será determinada pela força de seu conteúdo em comparação com o dos concorrentes. Além disso, há ainda outros riscos macroeconômicos que afetam a maioria ou todas as empresas do mercado, com maior ou menor intensidade: o aumento das taxas de juros ou a queda na atividade econômica afetará de maneira adversa a lucratividade de todas as empresas. Observe que a realidade pode se revelar melhor ou pior do que se supunha em cada uma dessas dimensões de risco. Quem investe todo o dinheiro na Disney está exposto a todas essas incertezas. Já quem mantém ações da Disney como parte de um portfólio de muitas ações está sujeito a menos riscos, pois as mudanças que afetam uma ou algumas empresas não impactarão outras, resultando em risco médio menor: para cada empresa em que aconteça algo pior do que o esperado haverá outra em que ocorrerá algo melhor do que o suposto. Todavia, o risco macroeconômico que impacta a maioria ou a totalidade das empresas não pode ser eliminado mediante diversificação. Como um investidor de carteira diversificada, esse *risco de mercado* é o único a ser considerado pelos investidores de companhias abertas, ou empresas que promovem emissões públicas de títulos e valores mobiliários, negociados em bolsas de valores.

Quando se aceita a proposição de Markowitz de que o único risco relevante é o risco não diversificável, como medir a exposição de uma empresa ao risco de mercado? A ferramenta mais usada é o modelo de precificação de ativos financeiros (*Capital Asset Pricing Model* [CAPM]), desenvolvido no começo da década de 1960. Ele assume que os investidores não estão sujeitos a custos de transação e que compartilham as mesmas informações. Uma vez que a diversificação não envolve custos e que a não diversificação não gera ganhos, a melhor hipótese é manter um portfólio extremamente diversificado, composto de todos os ativos financeiros disponíveis, denominado *portfólio de mercado*. Nessas condições, o risco de qualquer ativo é o risco incremental decorrente de sua inclusão no "portfólio de mercado", conforme indicado pelo *beta*. O beta é uma medida de risco relativo que gira em torno de um. Ações com beta acima de um estão mais expostas ao risco de mercado, e ações com beta abaixo de um estão menos expostas ao risco de mercado. O *retorno esperado* de um investimento é dado pela fórmula:

$$\text{Taxa livre de risco} + \text{Beta} \times (\text{Prêmio de risco em relação ao investimento de risco médio})$$

O CAPM é de uso intuitivo e simples, mas se fundamenta em premissas irrealistas. Para agravar esse questionamento, estudos realizados nas últimas décadas sugerem que os betas do CAPM não são muito eficazes para explicar as diferenças de retorno entre diferentes escolhas. Em consequência, desenvolveram-se três categorias de modelos como alternativas para o CAPM. A primeira é representada por modelos multibeta, que medem o risco incremental resultante do acréscimo de um investimento a um portfólio diversificado, com muitos betas (em vez de um único beta), em que cada beta mede a exposição a um tipo diferente de risco de mercado (com seu próprio prêmio de risco). A segunda é composta de *proxy models*, ou modelos substitutos, que reproduzem as características (como capitalização de mercado e baixo índice preço sobre valor contábil) de empresas que geraram altos retornos no passado e as adotam como indicadores de riscos. Finalmente, na medida em que sua avaliação de risco deve refletir os fundamentos do negócio, é possível estimar o risco de uma empresa com base na estabilidade de suas operações e de seus lucros.

É indiscutível que todos esses modelos são falhos, seja por partirem de premissas irrealistas, seja por não ser possível estimar com exatidão seus parâmetros. Contudo, também não se discute que:

- *O risco importa.* Mesmo que não se concorde com a teoria do portfólio, não se pode ignorar o risco como componente do investimento.
- *Alguns investimentos são mais arriscados que outros.* Mesmo que não se use o beta como medida do risco relativo, deve-se adotar medida alternativa do risco relativo.
- *O preço do risco afeta o valor, e o mercado estabelece esse preço.*

Pode-se não aceitar o CAPM nem os modelos multibeta, mas deve-se definir maneiras de medir e incorporar o risco nas decisões sobre investimentos.

INTRODUÇÃO À CONTABILIDADE[1]

Três são as demonstrações financeiras básicas. A primeira é o *balanço patrimonial*, que resume os ativos de uma empresa, o valor desses ativos e a estrutura de capital, ou a proporção entre capital próprio e capital de terceiros, que financia esses bens e direitos em determinado momento. A *demonstração do resultado* fornece informações sobre as operações da empresa e sobre seus lucros ao longo do tempo. A *demonstração dos fluxos de caixa* especifica as entradas e saídas de caixa da empresa, em decorrência de suas operações, financiamentos e investimentos.

E como se mede o valor dos ativos? Para a maioria dos *ativos imobilizados e de longo prazo*, como terrenos, edifícios e equipamentos, parte-se do que se pagou originalmente por esses ativos (custo histórico) e daí se deduz parcela correspondente ao envelhecimento (depreciação ou amortização). Em relação aos *ativos de curto prazo* (ativo circulante), abrangendo estoques (matérias-primas, produtos em elaboração e produtos acabados), contas a receber (créditos realizáveis no exercício em curso ou no subsequente) e disponibilidades, os contadores são mais propensos a usar o valor vigente ou de mercado. Se uma empresa investir em títulos mobiliários ou em ativos de outra empresa, esse investimento será avaliado com base em seu valor de mercado atualizado, se o investimento se destinar a futuras negociações, e pelo custo histórico, se esse não for o propósito. No caso especial de participação superior a 50% do valor de outra empresa (subsidiária), a investidora deve contabilizar todos os ativos e passivos da investida em seu balanço patrimonial (esse procedimento é denominado *consolidação*), lançando como *participação minoritária* a porcentagem da subsidiária que não pertence à investidora. Finalmente, tem-se a categoria ampla dos *ativos intangíveis*. Embora, em geral, aqui se incluam itens como nomes de marca, lealdade dos clientes e força de trabalho bem treinada, o mais encontrado nessa categoria é o *goodwill* (fundo de comércio ou ágio) adquirido.

---

[1] N.R.T.: Sobre contabilidade no Brasil, ver Lei nº 6.404/76, consolidada em: http://www.planalto.gov.br/ccivil_03/Leis/L6404consol.htm, e normas da Comissão de Valores Mobiliários (CVM), do Conselho Federal de Contabilidade (CFC) e do Comitê de Pronunciamentos Contábeis (CPC). Para mais informações, consultar: Gelbcke, Martins e Iudícibus (Fipecafi), *Manual de Contabilidade das Sociedades por Ações*. São Paulo: Atlas, 2007 (e respectivo suplemento editado em 2008) e Ernst & Young e Fipecafi, *Manual de Normas Internacionais de Contabilidade - IFRS versus Normas Brasileiras*. São Paulo: Atlas, 2010.

Quando uma empresa adquire outra, o preço a pagar é incluído, de início, entre os ativos da adquirida, já contabilizados. Qualquer excesso pago passa a ser considerado *goodwill* (ágio apurado pela expectativa de rentabilidade futura) e é lançado como ativo. Se os contadores determinarem que o valor da empresa-alvo declinou desde a aquisição, esse valor deve ser reduzido (*impairment do goodwill*).[2]

Da mesma maneira como ocorre com a avaliação dos ativos, a categorização contábil do passivo e do patrimônio líquido é regulada por um conjunto de normas rígidas. O *passivo circulante* inclui as obrigações da empresa, inclusive financiamentos para a aquisição de direitos do ativo não circulante, quando vencerem no exercício em curso ou no exercício seguinte, como contas a pagar e empréstimos a curto prazo. O *passivo não circulante* abrange as obrigações da empresa que vencerem em prazo maior. Esses itens são contabilizados pelo valor atualizado até a data do balanço patrimonial.[3] Finalmente, o valor contábil do capital próprio reflete o resultado da emissão de ações, com o acréscimo ou a dedução dos lucros e prejuízos acumulados, menos os dividendos distribuídos e as recompras de ações. A Figura 2.1 resume os princípios que geralmente regulamentam os balanços patrimoniais contábeis.

Dois são os princípios básicos para a apuração do resultado do exercício e para a determinação da lucratividade da empresa. O primeiro é o do regime de competência, denominação abrangente dos princípios (a) da realização da receita, segundo o qual a receita é considerada realizada e, portanto, passível de registro pela contabilidade, quando os produtos ou serviços produzidos ou prestados pela empresa são transferidos para outra empresa ou pessoa física, e (b) do confronto das receitas com

---

[2]N.R.T.: "Práticas contábeis adotadas no Brasil é uma terminologia que abrange a legislação societária brasileira, os Pronunciamentos, as Orientações e as Interpretações emitidos pelo Comitê de Pronunciamentos Contábeis (CPC), homologados pelos órgãos reguladores, e práticas adotadas pelas entidades em assuntos não regulados, desde que atendam ao Pronunciamento Conceitual Básico, Estrutura Conceitual para a Elaboração e Apresentação das Demonstrações Contábeis, emitido pelo CPC e, por conseguinte, em consonância com as normas contábeis internacionais." (Manual de Contabilidade Societária, Fundação Instituto de Pesquisas Contábeis, Atuariais e Financeiras - FIPECAFI, FEA/USP, Editora Atlas S.A. – 2010, nota de rodapé, pág. 193.
"A Lei nº 11.638/07 estabeleceu que as normas contábeis a serem expedidas pela CVM deverão ser 'elaboradas em consonância com os padrões internacionais de contabilidade adotados nos principais mercados de valores mobiliários'" (Manual de Normas Internacionais de Contabilidade, IFRS *versus* Normas Brasileiras – FIPECAFI, FEA/USP, Editora Atlas S.A. – 2010).
[3]N.R.T.: Lei nº 6.404/76, com alterações posteriores, artigos 180 e 184.

Figura 2.1 Balanço Patrimonial Contábil

	Ativo	Passivo	
Contabilizado pelo custo	Ativos circulantes não monetários	Passivo circulante	Contabilizado pelo custo
Contabilizado pelo valor corrente	Caixa e equivalentes de caixa – aplicações de liquidez imediata	Dívidas onerosas (juros)	Contabilizado como rendimentos originais
Contabilizado pelo custo original, líquido de depreciação	Terrenos, instalações, máquinas e equipamentos		
Contabilizado pelo custo original, ao custo atualizado ou precificado aos níveis de mercado correntes	Aplicações financeiras	Passivos contábeis	Contabilizado pelo valor estimado
Principalmente, uma "plug variable" (goodwill)	Ativos intangíveis	Patrimônio líquido	Suma da história contábil, valor pelos livros + lucros não distribuídos

as despesas, segundo o qual todas as despesas diretamente atribuíveis às receitas reconhecidas em determinado período com elas deverão ser confrontadas para efeitos de contabilização. O segundo é a classificação das despesas em *operacionais, financeiras* ou *de capital*.

- As despesas operacionais são aquelas que, pelo menos em teoria, geram benefícios apenas para o período em curso; o custo do trabalho e dos materiais relacionados com produtos ou serviços vendidos no período em curso é um bom exemplo.
- As despesas financeiras são as decorrentes do uso de capital de terceiros para o financiamento da empresa; o exemplo mais comum é o pagamento de juros.
- As despesas de capital são aquelas que devem gerar benefícios ao longo de vários períodos; por exemplo, a compra de máquinas e a construção de prédios recebem o tratamento contábil de despesas de capital, ou seja, são distribuídas ao longo do tempo, como depreciação ou amortização.

Deduzindo-se da receita as despesas operacionais e a depreciação, obtém-se o *lucro operacional* antes das despesas financeiras. Deduzindo-se desse subtotal as despesas financeiras e a provisão para o imposto de renda, chega-se ao *lucro líquido* do período. A Figura 2.2 revê a sequência de passos adotada pelos contadores para chegar ao lucro líquido.

	Item	Explicação
Comece com	Receitas de vendas	Estimativa do contador das receitas/vendas geradas por quaisquer transações feitas pelo negócio durante a apuração
Subtraia	Custo das vendas	Estimativa de custos atribuídos diretamente à produção dos produtos/serviços vendidos pela empresa
Para obter	**Lucro bruto**	Lucro da unidade, antes da subtração de outros custos indiretos e de despesas financeiras
Subtraia	Despesas operacionais	Inclui todas as despesas atribuídas às operações do período, sem benefícios que transbordam para anos futuros
Para obter	**Lucro operacional**	Lucro do negócio/operações
Subtraia	Despesas financeiras	Despesas atribuídas ao financiamento com capital de terceiros (dívidas, por exemplo)
Adicione	Receita financeira	Receita gerada pelo saldo de caixa e investimentos financeiros (em empresas e em títulos mobiliários)
Para obter	**Lucro antes dos impostos**	Resultado para os investidores de capital próprio, antes dos impostos
Subtraia	Impostos	Impostos incidentes sobre o lucro tributável (pode não ser igual aos impostos pagos)
Para obter	**Lucro líquido**	Resultado para os investidores de capital próprio, depois dos impostos

Figura 2.2   Demonstração de Resultados Contábeis

A demonstração do resultado contábil mede o resultado de exercício, com base nas receitas e despesas associadas às transações realizadas durante um período, mas não inclui despesas de capital efetuadas nesse ínterim. Em consequência, a geração de caixa da empresa pode ser diferente do lucro, e a demonstração do fluxo de caixa representa a tentativa da contabilidade de medir os fluxos de caixa de entrada e saída do negócio. Essa demonstração é composta de três partes, com o segmento do fluxo de caixa operacional estimando quanto os investidores de capital próprio auferiram como geração de caixa das operações, adicionando as despesas não monetárias e subtraindo as mudanças nos itens do capital circulante líquido sem entrada ou saída de caixa; o segmento do fluxo de caixa de investimentos considerando as despesas de capital e as aquisições; e o segmento financeiro focando nas entradas e saídas de caixa financiadas (dívidas contraídas e liquidadas) ou efetuadas com capital próprio (novas emissões e recompras de ações). A Figura 2.3 desdobra a demonstração de fluxos de caixa em seus elementos constituintes.

Para medir o lucro em termos relativos, ou seja, para verificar a lucratividade ou rentabilidade do empreendimento, podem-se relacionar diferentes níveis de lucro com a receita líquida (ou vendas líquidas) para estimar as *margens*, tanto do ponto de vista operacional (*margem operacional* = lucro operacional antes das despesas financeiras/receita líquida) e em termos de capital próprio dos investidores (*margem líquida* = lucro líquido/receita líquida). A Figura 2.4 revê diferentes medidas de margens de lucro.

Efeito no fluxo de caixa	Item	Por quê?
Comece com	Lucro líquido	Lucro do capital próprio
Mais	Depreciação e amortização	Volte a adicionar
Mais	Outras despesas não monetárias	itens não monetários
Mais ou menos	Mudança em contas a receber	Obtenha dinheiro para o patrimônio líquido das operações
	Mudança em estoques	
	Mudança em outros ativos circulantes	
	Mudança em contas a pagar	
	Mudança em impostos devidos	
Igual a	**Fluxo de caixa das operações**	

Efeito no fluxo de caixa	Item	Por quê?
Menos	Despesas de capital	Investimentos em ativos operacionais
Mais	Desinvestimentos de ativos	
Menos	Aquisições em caixa	
Menos	Investimentos em ativos financeiros	Investimentos em ativos não operacionais
Menos	Investimentos em ativos não operacionais	
Mais	Desinvestimentos de títulos e ativos não operacionais	
Igual a	**Fluxo de caixa de investimentos**	

Ação	Item	Por quê?
Mais	Dívida contraída	Caixa líquido de/para dívida
Menos	Dívida paga	
Mais	Nova emissão de capital próprio	Caixa líquido de/para capital próprio dos investidores
Menos	Dividendos pagos	
Menos	Recompra de ações	
Igual a	**Fluxo de caixa de financiamento**	

Figura 2.3 Demonstração Contábil dos Fluxos de Caixa

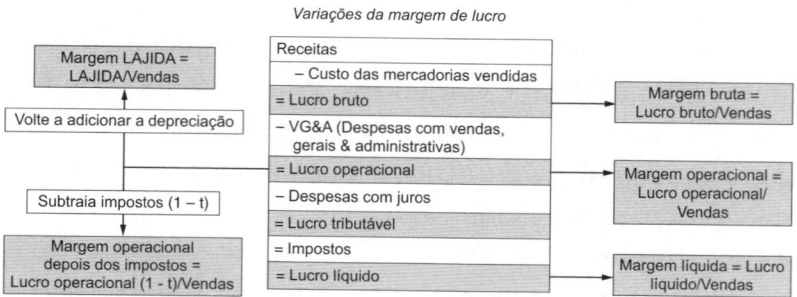

Figura 2.4 Lucratividade Dimensionada para Receita (Margens)

Para avaliar quão bem a empresa está investindo seu capital total, podemos analisar o lucro operacional antes das despesas financeiras e depois da provisão para o imposto de renda em relação ao *capital investido na empresa*, definindo-se capital, para esse propósito, como o valor contábil (VC) do capital de terceiros e do capital próprio menos as disponibilidades (caixa e aplicações financeiras de liquidez imediata). Esse é o *retorno sobre o capital* (return on capital [ROC]) ou *retorno sobre o capital investido* (return on invested capital [ROIC]), e é calculado da seguinte maneira:

$$\text{Retorno sobre o capital depois dos impostos} = \frac{\text{Lucro operacional antes das despesas financeiras } (1 - \text{alíquota IR}/100)}{\text{VC do capital de terceiros} + \text{VC do capital próprio} - \text{Disponibilidades}}$$

O retorno sobre o capital varia muito entre empresas de diferentes setores de atividade, tendendo a ser mais baixo em indústrias mais competitivas. O *retorno sobre o patrimônio líquido* (return on equity [ROE]) examina a lucratividade sob a perspectiva do capital próprio dos acionistas, relacionando o lucro para os acionistas (lucro líquido, depois das despesas financeiras e da provisão para o imposto de renda) com o valor contábil do capital próprio investido no negócio, e pode ser calculado da seguinte maneira:

$$\text{ROE} = \frac{\text{Lucro líquido}}{\text{Valor contábil do patrimônio líquido}}$$

O balanço patrimonial contábil é útil por fornecer informações sobre a situação histórica dos investimentos (capital próprio) e do endividamento (capital de terceiros) da empresa, mas oferece uma visão retrospectiva. Para dispor de uma visão mais prospectiva, considere uma alternativa, o balanço patrimonial financeiro, conforme mostrado pela Tabela 2.1.

Embora o balanço patrimonial financeiro se assemelhe, à primeira vista, ao balanço patrimonial contábil, as duas formas de apresentação diferem sob dois aspectos importantes. Primeiro, em vez de classificar os ativos com base na vida ou na tangibilidade, o balanço patrimonial financeiro os divide em investimentos já efetuados pela empresa (ativos existentes) e em investimentos que se espera a empresa venha a efetuar no futuro (ativos de crescimento). Segundo, os valores refletem não o

Tabela 2.1   Balanço Patrimonial Financeiro

Indicador	Explicação
Ativos existentes	Valor dos investimentos já efetuados, atualizado para refletir o efetivo potencial de geração de caixa.
+ Ativos de crescimento	Valor dos investimentos que a empresa pretende efetuar no futuro (dependendo das percepções das oportunidades de crescimento).
= Valor do negócio	O valor do negócio é a soma dos ativos existentes e dos ativos de crescimento.
– Dívidas (capital de terceiros)	Os credores têm prioridade no recebimento da geração de caixa, durante as operações, e do caixa resultante da venda de ativos, na liquidação.
= Valor do patrimônio líquido (capital próprio)	Os investidores de capital próprio ficam com o que sobrar depois do pagamento das dívidas.

que já foi investido nesses ativos, mas os correntes, com base em expectativas para o futuro. Como os ativos são contabilizados pelo valor corrente, os valores do capital de terceiros e do capital próprio também são atualizados. As normas contábeis, tanto as americanas quanto as internacionais, tendem a adotar a contabilidade pelo "valor justo". Em termos simples, daí resultaria um balanço patrimonial contábil mais nos moldes do balanço patrimonial financeiro.

INTERPRETANDO OS DADOS

O problema que hoje se enfrenta em análise financeira não é a falta, mas sim o excesso de informações. A interpretação de grande quantidade de informações, frequentemente contraditórias, é parte do trabalho de análise de empresas. A estatística pode facilitar a tarefa.

Há três maneiras de apresentar dados. A primeira e mais simples é apenas fornecer os dados avulsos e deixar a interpretação por conta do usuário. Assim, um analista que compare o índice preço-lucro (P/L) de uma empresa química com os índices P/L de empresas químicas semelhantes está usando dados avulsos. Com o aumento da quantidade de dados disponíveis, fica mais difícil acompanhar os dados avulsos, e buscamos maneiras de resumi-los. O mais comum desses resumos estatísticos é a *média* de todos os dados avulsos, e o *desvio-padrão*, que mede a dispersão ou o afastamento em torno da média. Embora sejam úteis, os resumos estatísticos, às vezes, podem ser enganadores. Em consequência, diante de milhares de informações isoladas, é possível agrupar a totalidade dos números ou ocorrências em seus diferentes valores (ou faixas de valores) e indicar o número de dados avulsos que cada um desses diferentes valores (ou faixa de valores) abrange. Essa é a chamada *distribuição de frequência*. Duas são as vantagens de apresentar os dados como *distribuição de frequência*: primeiro, é possível resumir mesmo o maior conjunto de dados em uma distribuição de frequência e verificar que valores ocorrem com mais frequência e os extremos dos valores máximo e mínimo. A segunda é que a distribuição de frequência pode se enquadrar em uma das muitas distribuições estatísticas comuns. A distribuição normal, por exemplo, é uma distribuição simétrica, com um pico centrado no meio da distribuição e caudas que se alongam para a esquerda ou para a direita e incluem valores infinitos negativos ou positivos. No entanto, nem todas as distribuições são simétricas. Algumas se inclinam para valores negativos extremos, enviesando-se negativamente, enquanto outras se inclinam para valores positivos extremos, enviesando-se positivamente, conforme mostra a Figura 2.5.

Por que isso é importante? Porque, nas distribuições enviesadas, a média pode não ser bom indicador da situação típica, pois seria distorcida para cima ou para baixo pelos valores positivos ou negativos extremos, nas distribuições enviesadas positivamente ou negativamente. Nessas distribuições, a *mediana*, ou o ponto intermediário da distribuição (com metade de todos os dados avulsos sendo mais altos ou mais baixos), é o melhor indicador.

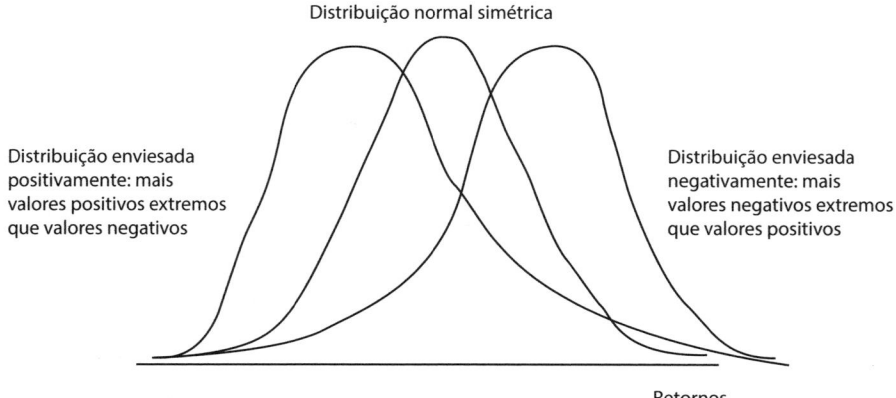

Figura 2.5 Distribuições Normais e Enviesadas

Quando se observam duas séries de dados, é útil saber se e como os movimentos de uma variável afetam a outra. Considere, por exemplo, duas variáveis muito analisadas, inflação e taxas de juros. A medida mais simples desse comovimento é a *correlação*. Se as taxas de juros aumentam, quando a inflação aumenta, as variáveis se movimentam juntas e apresentam correlação positiva; se as taxas de juros diminuem, quando a inflação aumenta, elas têm correlação negativa. Correlação perto de zero indica que as taxas de juros e de inflação não se relacionam entre si, enquanto correlação de 1 indica que as duas se movimentam em sincronia. Enquanto a correlação mostra como duas variáveis se movimentam juntas, a *regressão simples* possibilita que se vá mais longe. Suponha, por exemplo, que você queira examinar como mudanças na inflação afetam mudanças nas taxas de juros. Nesse caso, você começaria plotando 10 anos de dados sobre taxas de juros em comparação com a inflação, em um *gráfico de dispersão*, como o apresentado na Figura 2.6.

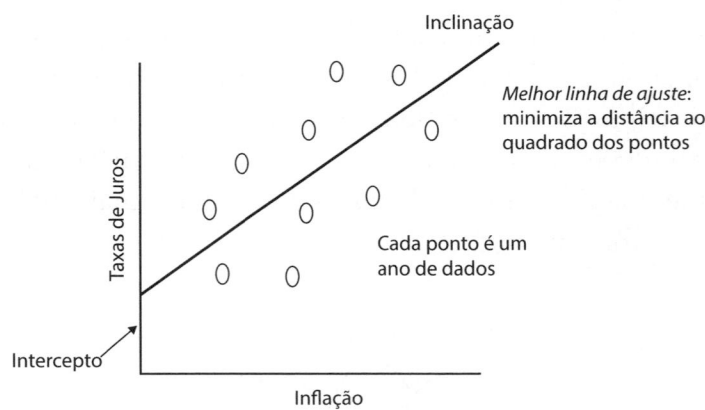

Figura 2.6 Gráfico de Dispersão de Taxas de Juros Contra Inflação

Cada um dos 10 pontos no diagrama de dispersão representa um ano de dados, refletindo a inflação e a taxa de juros naquele ano. Em uma regressão de mínimos quadrados ordinários (MQO), traça-se uma linha de melhor ajuste, que minimiza a soma das distâncias quadradas (verticais) dos pontos da linha. Quando se ajusta a linha de regressão, surgem dois padrões – um é o intercepto da regressão e o outro é a inclinação da linha de regressão. Assuma que, nesse caso, o produto da regressão é o seguinte:

Taxa de juros = 1,5% + 0,8 (Taxa de inflação); R ao quadrado = 60%

O *intercepto* mede o valor esperado que as taxas de juros terão quando a inflação for zero; nesse caso, o valor é 1,5%. A *inclinação (b)* da regressão mede o quanto se espera que as taxas de juros mudem para cada 1% de mudança na inflação; nesse caso, o valor é 0,8%. Quando as duas variáveis apresentam correlação positiva ou negativa, a inclinação da curva também será positiva ou negativa. A equação da regressão pode ser usada para estimar os valores previstos para a variável dependente. Portanto, caso se espere que a inflação seja de 2%, a taxa de juros esperada de 3,1% (1,5% + 0,8 × 2% = 3,1%). Em uma regressão múltipla, estende-se essa abordagem na tentativa de explicar a variável dependente em função de diversas variáveis independentes. Por exemplo, poder-se-ia tentar explicar mudanças nas taxas de juros em relação à inflação e ao crescimento econômico. Em regressões simples e múltiplas, o R ao quadrado explica a porcentagem da variação nas variáveis dependentes que é explicada pela variável ou pelas variáveis independentes. Assim, no exemplo anterior, 60% da variação nas taxas de juros podem ser explicados por mudanças na inflação.

A CAIXA DE FERRAMENTAS ESTÁ CHEIA

É possível fazer muito com as ferramentas desenvolvidas neste capítulo. Os conceitos de valor no tempo podem ser usados para comparar e agregar fluxos de caixa ou séries de pagamentos e recebimentos ao longo do tempo. Os modelos de risco e retorno em finanças possibilitam a estimativa dos custos de investir em empresas e, por extensão, a avaliação de empresas em diferentes setores de atividade. Boa parte dos dados sobre lucro e caixa é extraída das demonstrações financeiras. Por fim, considerando apenas a quantidade de informações a acessar, as medidas estatísticas que compactam os dados e indicam as relações entre eles proporcionam ideias valiosas. Peguemos essa caixa de ferramentas de avaliação e trabalhemos com empresas específicas.

Capítulo Três

Todos os Ativos Têm Valor Intrínseco

Determinando o Valor Intrínseco

Imagine que você seja um investidor propenso a investir em ações da Kraft Heinz (KHC), empresa de processamento de alimentos que comercializa algumas das marcas registradas mais reconhecidas do mundo. Com base nas informações disponíveis sobre a empresa, você estima a geração de caixa esperada a ser produzida por esse investimento e avalia o grau de risco dessa geração de caixa. A conversão dessas expectativas em estimativa do valor da KHC é o foco deste capítulo.

AVALIAR A EMPRESA OU APENAS O PATRIMÔNIO LÍQUIDO?

Nas avaliações baseadas em fluxos de caixa descontados, desconta-se ou traz-se a valor presente os fluxos de caixa por meio de taxa de desconto ajustada ao risco. No contexto de avaliação de empresas, uma abordagem é avaliar todo o negócio, abrangendo tanto os ativos existentes quanto os ativos de crescimento; esse é o método em geral denominado *avaliação do empreendimento ou da empresa*. A outra abordagem é concentrar-se na avaliação apenas do patrimônio líquido, ou capital próprio. A Tabela 3.1 mostra as duas abordagens em termos de itens do balanço financeiro apresentado no Capítulo 2.

Tabela 3.1 Escolha do Método de Avaliação

Indicador	Explicação
Ativos existentes + Ativos de crescimento	
= Valor do negócio	Para avaliar toda a empresa, desconte o saldo dos fluxos de caixa antes do pagamento das dívidas (geração de caixa para a empresa) pela totalidade do custo de financiamento dos ativos, abrangendo capital próprio e capital de terceiros (custo do capital total).
– Dívidas (capital de terceiros)	Do valor da empresa subtraia as dívidas para chegar ao patrimônio líquido (capital próprio).
= Valor do patrimônio líquido (capital próprio)	Para avaliar o patrimônio líquido (capital próprio) diretamente, desconte o saldo dos fluxos de caixa depois dos pagamentos das dívidas (geração de caixa para o patrimônio líquido) pelo custo do capital próprio.

No contexto da questão sobre a compra de ações da Kraft Heinz (KHC), eis as suas escolhas: (a) avaliar a KHC como empresa e subtrair as dívidas para chegar ao valor das ações ou (b) avaliar diretamente o patrimônio líquido (capital próprio) da empresa, partindo da geração de caixa que sobra depois do pagamento das dívidas, ajustando os resultados pelo risco das ações. Executados da maneira correta, ambos os métodos devem resultar em estimativas semelhantes do valor por ação.

INPUTS PARA A AVALIAÇÃO INTRÍNSECA

Precisa-se de quatro inputs básicos para a estimativa de valor: (a) saldos dos fluxos de caixa ou gerações de caixa pelos ativos existentes (com exclusão das necessidades de investimentos e dos impostos); (b) crescimento esperado dessas gerações de caixa no período de previsão; (c) custo do financiamento dos ativos (custo do capital total); e (d) estimativa do valor da empresa no fim do período de previsão. Cada um desses inputs pode ser definido sob a perspectiva da empresa ou apenas sob a perspectiva dos investidores de capital próprio, ou acionistas. Usaremos o exemplo da KHC para ilustrar cada input, com base em informações do relatório anual de 2022.

Saldos dos Fluxos de Caixa ou Geração de Caixa

Para a compra de suas ações, o indicador mais simples e direto do caixa gerado pela empresa são os dividendos pagos. Em 2022, a KHC pagou dividendos de US$ 1,960 milhão. Uma limitação de focar em dividendos é o fato de muitas empresas não pagarem dividendos e outras preferirem recomprar ações a distribuir dividendos, como mecanismo para devolver caixa aos acionistas. Embora apenas alguns acionistas que venderam suas ações recebam caixa, ainda é uma maneira de devolver caixa aos investidores em capital próprio. Uma maneira simples de ajustar-se à situação é *aumentar o dividendo* com a recompra de ações e considerar o total de dinheiro distribuído aos acionistas.

Dividendos aumentados = Dividendos + Recompra de ações

Ao contrário dos dividendos, as recompras de ações podem atingir picos em alguns anos. Para evitar distorções, deve apurar-se a média de alguns anos. A KHC, ao contrário de muitas outras empresas maduras dos EUA, optou por não recomprar ações durante os últimos 10 anos, deixando-nos sem argumentos para não pagar dividendos. Se ela tivesse recomprado ações, teríamos adicionado essas recompras (ou os números do ano mais recente ou a média do período) aos dividendos.

Considerando tanto os dividendos quanto os dividendos aumentados, adotamos a premissa de que os gestores de companhias abertas pagam aos acionistas todo o excesso de caixa, depois de atender às necessidades operacionais e de investimentos. No entanto, estamos de fato conscientes de que os gestores nem sempre adotam essa prática, como se constata pelos grandes saldos de caixa que se veem na maioria das companhias abertas. Para estimar o que os gestores poderiam distribuir aos investidores de capital próprio, ou acionistas, desenvolvemos um indicador dos dividendos potenciais a que denominamos *geração de caixa livre para o patrimônio líquido*. Intuitivamente, a geração de caixa livre para o patrimônio líquido indica o dinheiro que sobra depois das despesas financeiras, dos impostos e dos investimentos. Seu cálculo é demonstrado na Tabela 3.2.

Para simplificar, primeiro subtraímos a depreciação das despesas de capital. A resultante *despesa de capital líquida* representa o investimento em ativos de longo prazo. Adicionando as despesas de capital líquidas à *variação no capital circulante líquido que não afeta o caixa*, chega-se ao *reinvestimento total*. Esse reinvestimento reduz a geração de caixa para os investidores de capital próprio, ou acionistas, mas oferece recompensas em termos de crescimento futuro. O dividendo potencial, ou geração de caixa livre para o patrimônio líquido (GCLPL), da KFC para os anos de 2020 a 2022 pode ser calculado conforme apresentado na Tabela 3.3.

Tabela 3.2 Do Lucro Líquido ao Dividendo Potencial (ou Geração de Caixa Livre para o Patrimônio Líquido [GCLPL])

Indicador	Explicação
Lucro líquido	Lucro para os investidores de capital próprio, ou acionistas, depois das despesas financeiras e dos impostos.
+ Depreciação	É despesa contábil (reduz o lucro), mas não acarreta saída de caixa.
− Despesas de capital	Não é despesa contábil, mas acarreta saída de caixa.
− Variações no capital circulante líquido que não afetam o caixa	Os aumentos em estoque e em contas a receber reduzem a geração de caixa; os aumentos em contas a pagar aumentam a geração de caixa. Se o capital circulante líquido aumenta, a geração de caixa diminui.
− (Amortizações do principal menos novas emissões de dívida)	As amortizações do principal são saídas de caixa, mas as novas dívidas geram entradas de caixa. A variação líquida afeta a geração de caixa para o patrimônio líquido.
= Dividendo potencial, ou GCLPL	Este é o caixa que sobra depois do atendimento de todas as necessidades. Se for positivo, representa um dividendo potencial. Se for negativo, é um déficit de caixa que deve ser coberto com novas injeções de capital.

Tabela 3.3 Geração de Caixa Livre para o Patrimônio Líquido (ou para os Acionistas) (GCLPL) na Kraft Heinz, de 2020 a 2022

	2022	2021	2020
Lucro líquido	US$ 2.368	US$ 1.024	US$ 361
+ Depreciação & amortização	US$ 933	US$ 910	US$ 969
+ *Impairment* do *goodwill*	US$ 913	US$ 1.634	US$ 3.399
− Despesas de capital	US$ 1.309	− US$ 4.035	US$ 596
− Mudanças em não caixa WC	US$ 1.761	US$ 636	− US$ 115
GCLPL antes dos fluxos de caixa da dívida	US$ 1.144	US$ 6.967	US$ 4.248
+ Dívidas contraídas	US$ 228	US$ 0	US$ 7.500
− Dívidas pagas	US$ 1.683	US$ 8.161	US$ 10.655
GCLPL	− US$ 311	− US$ 1.194	US$ 1.093

Para obter esses números, parti da demonstração de fluxo de caixa da KHC e adotei alguns pressupostos computacionais. Inclui as aquisições em caixa, líquidas de desinvestimentos, que constam da demonstração em minhas despesas de capital e as notas promissórias comerciais (*commercial papers*) emitidas e pagas em 2020 a 2022 em meus títulos de crédito emitidos e pagos. Finalmente, a variação no capital circulante líquido que não afeta o caixa também inclui os efeitos no fluxo de caixa de impostos diferidos.

A KFC reinvestiu relativamente pouco em despesas de capital líquidas em 2022, mas tinha um investimento substancial (US$ 1.761 milhão) em capital circulante líquido que não afeta o caixa e em impostos diferidos. O conceito de capital circulante líquido, porém, é volátil, variando desde pequena redução, em 2020, para um aumento em 2021, e um salto ainda maior em 2022. Após incorporar os fluxos de caixa de e para dívidas, a KHC apresentou GCLPL negativa de US$ 311 milhões em 2022 e outra GCLPL negativa de US$ 1.194 milhões em 2021, embora esses resultados tenham seguido um ano de GCLPL positiva acima de US$ 1 bilhão. Versão mais conservadora da geração de caixa para o patrimônio líquido, a que Warren Buffett denomina "lucro dos proprietários", ignora a geração de caixa líquida resultante de dívidas. Na KHC, a GCLPL antes dos fluxos de caixa das dívidas tem sido positiva a cada ano, com um grande salto em 2021, decorrente das alienações de ativos.

A geração de caixa para a empresa é o caixa que sobrou depois dos impostos e depois do atendimento de todas as necessidades de reinvestimentos, mas antes do pagamento dos juros e da amortização do principal das dívidas. Para obter a geração de caixa livre para a empresa, parte-se do lucro operacional,[1] não do lucro líquido, e dele se subtraem os impostos que teriam sido pagos se todo o lucro operacional fosse tributável, então, subtraem-se os reinvestimentos, definidos exatamente da mesma maneira como se procedeu para obter a GCLE.

Geração de caixa livre para a empresa (GCLE) = Lucro operacional depois do imposto – (Despesas de capital – Depreciação) – Variação no capital circulante líquido

---

[1] N.R.T.: No Brasil, o lucro operacional é depois da dedução das despesas financeiras (ver Lei nº 6.404/76, consolidada, artigo 187, em http://www.planalto.gov.br/ccivil_03/Leis/L6404consol.htm). Nos EUA, o lucro operacional é antes da dedução das despesas financeiras (ver http://www.investopedia.com/terms/o/operatingincome.asp; http://www.investorwords.com/3460/operating_income.html; http://en.wikipedia.org/wiki/Operating_income). Ao contrário do que ocorre no Brasil, as despesas financeiras nos EUA não são consideradas despesas operacionais, mas, sim, opção de financiamento de parte dos ativos com capital de terceiros, que independe das atividades operacionais. Essa distinção é muito importante, pois o *operating profit* a que se referem os autores americanos corresponde ao nosso lucro operacional antes das despesas financeiras. A esse respeito, assim se expressa Dante C. Matarazzo: "Observe-se, porém, que a demonstração do resultado deve ser reestruturada porque da forma como se apresenta hoje, segundo a Lei das Sociedades por Ações, são evidenciados valores que não se relacionam com nenhum investimento, como é o caso do atual lucro operacional. ...O lucro operacional não serve para nenhuma relação. A conhecida fórmula lucro operacional / ativo operacional, importada dos textos norte-americanos, não se aplica no Brasil, porque o lucro operacional nos EUA costuma ser apurado antes dos juros." (Dante C. Matarazzo, Análise Financeira de Balanços – *Abordagem Gerencial*. São Paulo: Atlas, 1985.)

Usando nossa definição anterior de reinvestimento, também podemos chegar à GCLE da seguinte maneira:

Taxa de reinvestimento

$$= \frac{\text{Despesas de capital} - \text{Depreciação} + \text{Variação no capital circulante líquido não caixa}}{\text{Lucro operacional antes das despesas financeiras e depois dos impostos}}$$

Geração de caixa livre para a empresa = (Lucro operacional antes das despesas financeiras e depois dos impostos) × (1 − Taxa de reinvestimento)

A taxa de reinvestimento pode ser superior a 100% se a empresa reinvestir quantia superior ao lucro, como também pode ser inferior a zero para empresas que estão vendendo ativos e reduzindo o capital. Tanto a GCLPL quanto a GCLE são depois dos impostos e dos reinvestimentos, e ambas podem ser negativas, seja porque a empresa gera prejuízo, seja porque as necessidades de investimento são superiores ao lucro. A principal diferença é que a GCLPL é depois do pagamento das dívidas e a GCLE é antes do pagamento das dívidas. A GCLE da KHC entre 2020 e 2022 pode ser computada na Tabela 3.4.

Tabela 3.4 Geração de Caixa Livre para a Empresa (GCLE) na Kraft Heinz de 2020 a 2022

	2022	2021	2020
Lucro operacional	US$ 3.634	US$ 3.460	US$ 2.128
Alíquota tributária efetiva (t)	20,20%	40,10%	US$ 65%
Lucro operacional × (1 − t)	US$ 2.899,93	US$ 2.072,54	US$ 744,80
+ Depreciação & amortização	US$ 933	US$ 910	US$ 969
+ *Impairment* do *goodwill*	US$ 913	US$ 1.634	US$ 3.399
− Despesas de capital	US$ 1.309	−US$ 4.035	US$ 596
− Mudanças em não caixa	US$ 1.761	US$ 636	−US$ 115
Geração de caixa livre para a empresa	US$ 1.675,93	US$ 8.015,54	US$ 4.631,80

Isso representa a geração de caixa livre das operações para a KHC entre 2020 e 2022. Observe que o imposto é calculado como se todo o lucro operacional tivesse sido tributado (o que não ocorreu) e reflete uma estimativa do imposto que teria sido devido se a empresa não tivesse dívidas. Por isso é que se diz que a GCLE e uma geração de caixa não alavancada.

Em GCLPL e GCLE, observe a volatilidade nos fluxos de caixa, ano a ano, mesmo quando os lucros são estáveis, à medida que os reinvestimentos aumentam e diminuem. De fato, olhando para os valores cumulativos da GCLE e do lucro operacional da KHC depois do imposto no período de 2020 a 2022, podemos estimar as quantias reinvestidas pela empresa, como mostra a Tabela 3.5.

Embora a KHC tenha reinvestido, em 2022, 42,21% de seu lucro operacional depois do imposto, seus reinvestimentos foram negativos em 2020 e 2021; ela encolheu como negócio, desinvestindo muito mais do que estava investindo.

Tabela 3.5   Reinvestimento na Kraft Heinz de 2020 a 2022

	2022	2021	2020	2020 a 2022
LAJIR × (1 – t)	US$ 2.899,93	US$ 2.072,54	US$ 744,80	US$ 5.717,27
GCLE	US$ 1.675,93	US$ 8.015,54	US$ 4.631,80	US$ 14.323,27
Reinvestimento	US$ 1.224	–US$ 5.943	–US$ 3.887	–US$ 8.606
Taxa de reinvestimento	42,21%	–286,75%	–521,89%	–150,53%

Risco

Os fluxos de caixa mais arriscados devem ter valor mais baixo que os fluxos de caixa menos arriscados ou mais estáveis. Nos modelos de avaliação convencionais de fluxo de caixa descontado, adotamos taxas de desconto mais altas para os fluxos de caixa mais arriscados e taxas de desconto mais baixas para os fluxos de caixa mais seguros. A definição de risco depende de se estar avaliando a empresa ou simplesmente o patrimônio líquido. Quando se avalia a empresa, considera-se o risco das operações da empresa. Quando se avalia o patrimônio líquido, considera-se o risco do investimento de capital próprio na empresa, que é determinado em parte pelo risco do setor de atividade e em parte pela escolha do volume de dívidas usado para financiar a empresa, ou, em outras palavras, pela estrutura de capital da empresa. O patrimônio líquido ou capital próprio de uma empresa em um setor de atividade seguro pode tornar-se arriscado se a empresa usar muita dívida ou capital de terceiros para financiar suas operações. Em termos de taxa de desconto, o risco do patrimônio líquido de uma empresa é medido pelo custo do capital próprio, enquanto o risco da empresa é indicado pelo custo do capital total. Esse último será a média ponderada do custo do capital próprio e do custo do capital de terceiros, com os pesos refletindo o uso proporcional de cada fonte de financiamento.

Três são os inputs necessários para estimar o custo do capital próprio: (a) a taxa livre de risco e (b) o preço do risco (prêmio de risco do capital próprio ou da ação) a ser usado em todos os investimentos, (c) assim como um indicador do risco relativo (beta), aplicado a cada investimento.

- *Taxa livre de risco:* como apenas as entidades que não podem se tornar inadimplentes emitem títulos mobiliários sem risco, geralmente usamos as taxas dos títulos públicos federais de 10 ou 30 anos como taxas livres de risco, assumindo implicitamente que os governos não dão calotes.
- *Prêmio de risco da ação (PRA):* este é o prêmio que os investidores exigem em bases anuais para investir em ações em vez de em títulos mobiliários livres de risco, e deve refletir sua percepção de risco das ações e o quanto estão preocupados com esse risco. Para estimar esse número, os analistas em geral recorrem ao passado. Nos EUA, por exemplo, entre 1928 e 2022, as ações geraram retorno anual de 5,06 pontos percentuais superior ao dos bônus do Tesouro. Uma alternativa é estimar um prêmio prospectivo (denominado "prêmio de risco implícito"), com base nos níveis de preços correntes das ações e nas expectativas de geração de caixa no futuro. Em julho de 2023, o prêmio de risco implícito das ações nos EUA era de aproximadamente 5%. Embora os números fossem semelhantes à época dessa avaliação, as duas abordagens podem gerar valores diferentes, e preferimos a que implica prêmio de risco para o patrimônio líquido, pois é atualizada e dinâmica. Os prêmios de risco para o patrimônio líquido em outros países podem ser estimados, adotando-se como base o prêmio dos EUA, mantendo inalterado o parâmetro americano, se o país for avançado, e ajustando-o para cima, se o país for mais arriscado. O planejamento de recursos empresariais (ERP, do inglês *enterprise resource planning*) da empresa deve refletir onde ela faz negócios, não onde ela foi constituída.
- *Risco relativo ou beta:* para estimar o beta, geralmente verificamos o quanto a ação se movimentou no passado em comparação com o mercado: em termos estatísticos, é a inclinação da regressão

dos retornos gerados pela ação (digamos, KHC) em relação a um índice de mercado (como o S&P 500). Portanto, o beta daí resultante é sempre retrospectivo (por ser extraído de dados passados) e envolve ruídos ou distorções (por estar sujeito a erros). Uma solução é substituir o beta da regressão pelo beta médio do setor, se a empresa operar em um único negócio, ou pela média ponderada do beta médio de muitos setores, se a empresa operar em muitos negócios. O beta do setor é mais exato que um único beta de regressão, pois a média de muitos betas atenua o efeito dos erros.

Em julho de 2023, adotando-se como taxa livre de risco a do bônus do Tesouro dos EUA de 10 anos, de 3,80% ao ano, o PRA era de 5,67%, refletindo a exposição geográfica da KHC, ponderada pela receita, estimou-se o beta da KHC observando o negócio em que operava, que é o processamento de alimentos, conforme mostrado na Tabela 3.6.

Tabela 3.6 Estimativa do Beta da KHC

Setor de atividade	Valor estimado	Proporção da empresa	Beta do setor
Processamento de alimentos	US$ 30.146	100%	0,69
KHC como empresa	US$ 30.146	100%	0,69

Observe que, se a KHC fosse uma empresa diversificada, com vários negócios, teríamos estimado a média ponderada dos betas de cada um deles, adotando como peso o valor desses negócios. Ajustando os betas pelo valor das dívidas da KHC, pois a alavancagem financeira aumenta o risco do negócio, obtém-se um beta de 0,92 para o patrimônio líquido da KHC:

Beta alavancado = Beta não alavancado (1 + (1 − Alíquota tributária) (Dívida / Valor das ações em circulação))
= 0,69 (1 + (1 − 0,25) (19.759 / 44.756)) = 0,92

O custo do capital próprio daí resultante é de 9%:

Custo do capital próprio = Taxa livre de risco + Beta × PRA
= 3,80% + 0,92 × 5,67% = 9%

Enquanto os investidores em ações recebem o caixa residual e correm o risco desses valores, os credores da empresa enfrentam o risco de não receberem as quantias a que têm direito – juros e principal. É para cobrir esse risco de inadimplência que os credores acrescentam o *spread de inadimplência* à taxa livre de risco, ao emprestarem dinheiro a empresas; quanto maior for a percepção de risco de inadimplência, maiores serão o spread de inadimplência e o custo do capital de terceiros. Para estimar esse spread de inadimplência, pode-se usar o rating (ou classificação de risco de crédito) dos títulos de dívida da empresa, caso exista, de agências consagradas como S&P ou Moody's. Se não houver ratings publicados dos títulos de dívida da empresa, dispõe-se da alternativa de estimar um *rating sintético* para a empresa, com base no índice de lucro operacional antes das despesas financeiras sobre as despesas financeiras (índice de cobertura das despesas financeiras). Índices de cobertura de despesas financeiras mais altos corresponderão a ratings mais baixos e vice-versa. Quando se dispõe de um rating de títulos de dívida, é possível estimar o spread de inadimplência considerando títulos de dívida de emissão pública com o mesmo rating. Em julho de 2023, S&P atribuiu à KHC o rating BBB, e o spread-padrão para títulos com essa avaliação era, na época, de 1,89%, o que, adicionado à taxa livre de risco de 3,8%, resulta em custo da dívida antes do imposto de 5,69%. A propósito, se a KHC não tivesse rating, poderíamos ter computado um índice de cobertura de juros para a empresa.

$$\text{Índice de cobertura de despesas financeiras} = \frac{\text{Lucro operacional antes das despesas financeiras}}{\text{Despesas financeiras}} = \frac{\text{US\$ 3.634}}{\text{US\$ 921}} = 3,95$$

Com esse índice de cobertura, teríamos obtido um rating sintético de A–, traduzindo-se em um spread-padrão de 1,54% e em custo da dívida antes do imposto de 5,34%, em julho de 2023.

O input final necessário para estimar o custo do capital de terceiros é a alíquota tributária. Como as despesas financeiras são dedutíveis na apuração do lucro tributável e proporcionam redução marginal do imposto (sobre o lucro incremental), a alíquota tributária que é relevante para esse cálculo é a alíquota efetiva que incide sobre a última parcela de acréscimo ao lucro. Nos EUA, onde a alíquota do imposto de renda de pessoas jurídicas é de 21%, a que se adicionam os impostos estaduais e locais, a alíquota tributária marginal para pessoas jurídicas, em 2023, estava perto de 25%. Combinando a taxa livre de risco (3,8%), o spread de inadimplência (1,89%) e a alíquota tributária marginal de 25%, estimamos em 4,97% o custo do capital de terceiros, depois dos impostos, para a KHC, conforme segue:

Custo do capital de terceiros, depois dos impostos =
(Taxa livre de risco + Spread de inadimplência) (1 − Alíquota tributária marginal) =
(3,8% + 1,89%) (1 − 0,25) = 4,27%

Depois de estimar os custos do capital de terceiros e do capital próprio, estabelecem-se os pesos de cada um, com base em valores de mercado (e não nos valores contábeis). Para empresas de capital aberto, multiplica-se o preço da ação pelo número de ações em circulação para se obter o valor de mercado do capital próprio. A estimativa do valor de mercado do capital de terceiros geralmente é exercício mais difícil, uma vez que a maioria das empresas tem dívidas não negociáveis em bolsas de valores e muitos profissionais acabam recorrendo ao valor contábil da dívida. Usando de novo a KHC como exemplo ilustrativo, os valores de mercado do capital próprio (US$ 44,756 milhões) e do capital de terceiros (US$ 19,476 milhões), e nossas estimativas anteriores do custo do capital próprio (9%) e do custo do capital de terceiros depois dos impostos (4,27%), resultam em custo do capital total para a empresa de 7,56%.

Custo do capital total = 9% (44,8 / (44,8 + 19,5)) + 4,27% (19,5/ (44,8 + 19,5)) = 7,56%

Ao avaliar empresas, é preciso julgar se, para fins de acompanhamento, esses pesos continuarão estáveis ou mudarão. Se presumirmos que eles mudarão, é necessário especificar qual será o mix-alvo para a empresa e em que momento a mudança ocorrerá. Além disso, vale a pena desenvolver a perspectiva de onde se enquadra o custo de capital de sua empresa, em comparação com outras empresas do mercado, e, no caso da KHC, o custo de capital estimado a deixaria perto do quartil mais baixo das empresas americanas, o que faz sentido, porquanto ela atua em um negócio com relativamente pouca exposição aos riscos macroeconômicos.

Taxas de Crescimento

Ao se defrontarem com a tarefa de estimar o crescimento, não admira que os analistas recorram ao passado, usando o aumento da receita ou do lucro no passado recente como previsor de crescimento no futuro. No entanto, as taxas de crescimento históricas para a mesma empresa podem variar, dependendo dos critérios de cálculo: até que ponto remontar no passado, que medida de lucro adotar (lucro líquido, lucro por ação, lucro operacional antes das despesas financeiras) e como computar a média (aritmética ou geométrica). No caso da KHC, por exemplo, suas taxas de crescimento históricas são muito baixas (1,7% no ano mais recente e 1 a 2% ao ano nos últimos 10 anos, dependendo das medidas de lucro usadas (lucro por ação, lucro líquido ou lucro operacional). Pior ainda, alguns estudos indicam que a relação entre crescimento passado e crescimento futuro é muito fraca para a maioria das empresas, com o crescimento caindo significativamente à medida que as empresas se expandem, e revelam que a volatilidade é alta entre diferentes períodos.

Como alternativa, pode-se recorrer a "especialistas" que, supostamente, conhecem a empresa em profundidade – analistas de ações que acompanham a empresa há anos ou os próprios gestores da empresa – e adotar as respectivas estimativas de crescimento. No lado positivo, esses especialistas devem ter acesso a melhores informações que a maioria dos investidores. No lado negativo, nem os gestores nem os analistas de ações conseguem ser sempre imparciais sobre o futuro; os gestores tendem a superestimar a capacidade de crescimento da empresa, ao passo que os analistas estão sujeitos a seus próprios vieses. Alguns estudos indicam que as estimativas dos gestores e dos analistas a respeito do crescimento futuro, mormente a longo prazo, tendem a ser tão falhas quanto as taxas de crescimento históricas.

Se as taxas históricas e as estimativas de especialistas são pouco úteis, qual é a solução? Em última instância, para crescer as empresas precisam gerenciar melhor os investimentos existentes (crescimento induzido pela eficiência) ou fazer novos investimentos (crescimento induzido por novos investimentos). No caso especial em que as margens da empresa são estáveis e o crescimento não é movido por aumento da eficiência, deve-se observar quanto do lucro a empresa reinveste no negócio e o retorno sobre esses investimentos. Embora *reinvestimento* e *retorno sobre o investimento* sejam termos genéricos, a maneira como os definimos dependerá de estarmos considerando o lucro para o patrimônio líquido ou o lucro operacional antes das despesas financeiras. Com o lucro para o patrimônio líquido, medimos o reinvestimento como a parcela do lucro líquido não distribuída na forma de dividendo (índice de retenção) e usamos o retorno sobre o patrimônio líquido para medir a qualidade do investimento. Com o lucro operacional antes das despesas financeiras, medimos o reinvestimento como taxa de reinvestimento e usamos o retorno sobre o capital total para medir a qualidade do investimento. Na Tabela 3.7, mostramos como estimar o crescimento sustentável de uma empresa, com margens estáveis, em lucro operacional e lucro líquido.

Tabela 3.7 Estimativa do Crescimento Sustentável

Crescimento do lucro		Quanto você está reinvestindo?		Quão bem você está reinvestindo?
Lucro operacional	=	Taxa de reinvestimento	×	Retorno sobre o capital (ROIC)
Lucro líquido	=	Taxa de retenção	×	Retorno sobre o patrimônio líquido (ROE)

Para muitas empresas, o pressuposto de que as margens se manterão estáveis não é defensável. No caso dessas empresas, é preciso começar com previsões de receita, estimativas das margens operacionais (mutáveis) ao longo do tempo, e associação dos reinvestimentos às mudanças de receita. O índice que funciona melhor para essa associação é vendas sobre o capital investido, que mede a receita gerada por unidade monetária do capital investido.

No caso da KHC, a taxa de reinvestimento tem sido negativa nos últimos 3 anos, o crescimento da receita tem sido anêmico e as margens ainda estão se recuperando dos efeitos da covid de 2020. Para estimar a geração de caixa livre para a empresa, assumimos a continuação do crescimento lento das receitas (2% para os próximos 5 anos, caindo para 1% no crescimento estável) e melhoria nas margens operacionais (de 13,72%, em 2022, para 15%, em 2027). Para estimar o reinvestimento, estimamos que o índice vendas sobre capital da KHC convergirá para a média global de 1,49 no negócio de processamento de alimentos. As gerações de caixa livre para a empresa estão na Tabela 3.8.

Observe que a alíquota tributária começa no nível de 20,2%, no ano mais recente, mas converge ao longo do tempo para a alíquota tributária marginal de 25%, nos EUA. O reinvestimento em cada ano é calculado com base na variação da receita ao longo do ano seguinte, dividido pelo índice vendas sobre capital. Assim, para obter o reinvestimento no ano 1, partimos da variação da receita do ano 1 para o ano 2:

Reinvestimento no ano 1 = (Receita 2 − Receita 1) / Vendas sobre capital
= (US$ 27.555 − US$ 27.015) / 1,49 = US$ 363 milhões

Em empresas com um intervalo longo entre reinvestimento e vendas, podemos avançar com essa janela, calculando o reinvestimento com base na mudança de receita entre os anos 3 e 4, por exemplo.

Tabela 3.8 Expectativa de Geração de Caixa Livre para a Empresa (GCLE) no caso da KHC

	Crescimento da receita	Receitas	Margem operacional	LAJIR	Alíquota tributária	LAJIR × (1 − t)	Reinvestimento
Ano base		US$ 26.485					
1	2%	US$ 27.015	13,72%	US$ 3.707	20,20%	US$ 2.958	US$ 363
2	2%	US$ 27.555	14,23%	US$ 3.922	20,20%	US$ 3.130	US$ 370
3	2%	US$ 28.106	14,49%	US$ 4.072	20,20%	US$ 3.250	US$ 377
4	2%	US$ 28.668	14,74%	US$ 4.227	20,20%	US$ 3.373	US$ 385
5	2%	US$ 29.242	15%	US$ 4.386	20,20%	US$ 3.500	US$ 393
6	1,80%	US$ 29.768	15%	US$ 4.474	21,16%	US$ 3.527	US$ 400
7	1,60%	US$ 30.244	15%	US$ 4.563	22,12%	US$ 3.554	US$ 408
8	1,40%	US$ 30.668	15%	US$ 4.655	23,08%	US$ 3.580	US$ 417
9	1,20%	US$ 31.036	15%	US$ 4.748	24,04%	US$ 3.606	US$ 425
10	1%	US$ 31.346	15%	US$ 4.843	25%	US$ 3.632	US$ 433
Ano final	1%	US$ 31.659	15%	US$ 4.940	25%	US$ 3.705	US$ 741

Valor Terminal

As empresas de capital aberto podem, ao menos em teoria, durar para sempre. Dado que não podemos estimar os fluxos de caixa para sempre, geralmente adotamos um limite nos modelos de avaliação, interrompendo nossas estimativas de fluxos de caixa em algum momento do futuro e, em seguida, calculando um valor terminal que reflita o valor estimado naquele ponto. As duas maneiras legítimas de estimar o valor terminal são estimar o valor de liquidação dos ativos da empresa, assumindo que os ativos sejam vendidos no último ano, ou estimar o valor de entidade em continuidade (*going-concern value*), assumindo que a empresa continue em operação.

Se presumirmos que a empresa será extinta no último ano, quando os ativos também serão liquidados, podemos estimar o produto da liquidação usando uma combinação de números de mercado (para ativos como imóveis, que dispõem de mercado) e estimativas. Para empresas com vida finita e ativos comercializáveis, essa é uma maneira conservadora de estimar o valor terminal.

Se tratarmos a empresa como entidade em continuidade, no fim do período de estimativa podemos estimar o valor do empreendimento presumindo que, depois disso, as gerações de caixa crescerão a uma taxa constante para sempre. Esse modelo de crescimento perpétuo se baseia em uma equação simples de valor presente para chegar ao valor terminal:

$$\text{Valor terminal no ano } n = \frac{\text{Geração de caixa no ano } n + 1}{\text{Taxa de desconto} - \text{Taxa de crescimento perpétua}}$$

As definições de geração de caixa e de taxa de crescimento devem ser compatíveis com as finalidades de avaliar dividendos, geração de caixa para o patrimônio líquido ou geração de caixa para a empresa. A taxa de desconto será o custo do capital próprio para as duas primeiras e o custo do capital total para a última. Como a equação do valor terminal é sensível a pequenas mudanças e, portanto, sujeita a abusos, ela deve ser aplicada com a observância de três importantes restrições: primeiro, nenhuma empresa pode crescer para sempre a taxa mais alta que a taxa de crescimento da economia em que opera. De fato, uma regra prática simples sobre a taxa de crescimento estável é que ela não deve ser superior à taxa livre de risco usada na avaliação; a taxa livre de risco é composta da inflação esperada e da taxa de juros real, que deve ser igual à taxa de crescimento nominal da economia a longo prazo. Segundo, à medida que as empresas evoluem, passando de crescimento acelerado para crescimento estável, precisamos atribuir-lhes as características de empresas com crescimento estável. Como regra prática, os níveis de risco tendem a movimentar-se para a média do mercado (beta de um) ou para as médias setoriais, e os índices de endividamento tendem a aumentar para o padrão setorial. Terceiro, uma empresa com crescimento estável deve reinvestir o suficiente para sustentar a taxa de crescimento presumida. Considerando a relação entre crescimento, taxa de reinvestimento e retornos que estabelecemos na seção sobre taxas de crescimento esperadas, podemos estimar a taxa de reinvestimento como se segue:

$$\text{Taxa de reinvestimento} = \frac{\text{Taxa de crescimento esperada do lucro operacional ADF* ou lucro líquido}}{\text{Retorno sobre o capital total ou sobre o patrimônio líquido}}$$

*ADF: antes das despesas financeiras.

Portanto, o efeito do aumento da taxa de crescimento sobre o valor terminal será compensado, em parte ou no todo, pela menor geração de caixa decorrente da maior taxa de reinvestimento. Se o valor aumenta ou diminui à medida que a taxa de crescimento estável aumenta depende totalmente do que se assume como retorno sobre o investimento. Se o retorno sobre o capital total (ou sobre o patrimônio líquido) for mais alto que o custo do capital total (ou do capital próprio) no período de crescimento estável, o aumento da taxa de crescimento estável aumentará o valor; a diferença entre os dois é denominada excesso de retorno. *Se o retorno sobre o capital total for igual ao custo do capital total no período estável, o aumento da taxa de crescimento estável não afetará o valor.* A principal premissa no cálculo do valor terminal não é a taxa de crescimento usada na avaliação, mas os retornos excedentes que acompanham a taxa de crescimento. Alguns analistas acreditam que retorno excedente zero é a única premissa sustentável para o crescimento estável, uma vez que nenhuma empresa é capaz de manter vantagem competitiva para sempre. Na prática, contudo, empresas com vantagens competitivas vigorosas e duradouras podem manter retornos excedentes, embora em níveis muito modestos, durante períodos muito longos.

Usando a KHC, assumimos que a empresa se manteria em crescimento estável depois do quinto ano e se expandiria a 1% ao ano, indefinidamente (bem abaixo da taxa livre de risco, pois esperamos que os produtos e os consumidores da empresa envelheçam). Como o crescimento declina depois do ano 10, ajustamos ligeiramente o custo de capital, deslocando-o de 7,56% para 7,5%. Esse ajuste é pequeno, porque a KHC já é uma empresa madura, mas seria muito para uma empresa em crescimento acelerado. A taxa de reinvestimento no contexto de crescimento estável é alterada para refletir o pressuposto de que a KHC será capaz de gerar retorno sobre o capital de 10%, mais elevado que seu custo de capital de 7,5%, em razão da resiliência do poder de compra de sua marca registrada.

$$\text{Taxa de reinvestimento no crescimento estável} = \frac{1\%}{10\%} = 10\%$$

O valor terminal daí resultante no fim do décimo ano é US$ 49.316 milhões.

$$\frac{\text{(Lucro operacional antes das despesas financeiras e depois dos impostos no ano 6)} \times (1 - \text{Taxa de reinvestimento})}{\text{Custo do capital total} - \text{Taxa de crescimento esperada}} =$$

$$\frac{3.526(1,01)(1-0,10)}{0,075-0,01} = \text{US\$ 49.316 milhões}$$

Descontando esse valor final e os fluxos de caixa da Tabela 3.3 ao custo de capital, obtemos o valor de US$ 44.538 milhões para ativos operacionais. Como o custo de capital muda após o ano 5, devemos levar em conta esse efeito ao calcular o valor presente. A Tabela 3.9 resume os cálculos de valor presente.

Nesse caso, o efeito de calcular o custo de capital cumulativo é menor que descontar o custo de capital daquele ano, mas ele será significativo para as empresas em que o custo de capital apresenta variações significativas com o passar do tempo.

Tabela 3.9 Valor dos Ativos Operacionais da KHC

Ano	GCLE	Valor final	Custo de capital	Cálculo do desconto	Fator de desconto	VP
1	US$ 2.595		7,56%	$1/1,0756$	0,9297	US$ 2.413
2	US$ 2.760		7,56%	$1/1,0756^2$	0,8643	US$ 2.385
3	US$ 2.872		7,56%	$1/1,0756^3$	0,8035	US$ 2.308
4	US$ 2.988		7,56%	$1/1,0756^4$	0,7470	US$ 2.232
5	US$ 3.108		7,56%	$1/1,0756^5$	0,6945	US$ 2.186
6	US$ 3.127		7,55%	$1/(1,0756^5 \times 1,0755)$	0,6457	US$ 1.067
7	US$ 3.146		7,54%	$1/(1,0756^5 \times 1,0755 \times 1,0754)$	0,6005	US$ 1.951
8	US$ 3.164		7,53%	$1/(1,0756^5 \times 1,0755 \times 1,0754 \times 1,0753)$	0,5584	US$ 1.838
9	US$ 3.182		7,51%	$1/(1,0756^5 \times 1,0755 \times 1,0754 \times 1,0753 \times 1,0751)$	0,5194	US$ 1.729
10	US$ 3.199	US$ 49.316	7,50%	$1/(1,0756^5 \times 1,0755 \times 1,0754 \times 1,0753 \times 1,0751 \times 1,075)$	0,4832	US$ 25.530
Valor dos ativos operacionais =						US$ 44.538

Arremates Finais

O desconto das gerações de caixa por taxas ajustadas ao risco dá uma estimativa de valor, mas como chegar ao valor por ação? Quando se descontam os dividendos ou as gerações de caixa livre para o patrimônio líquido, por ação, ao custo do capital próprio, tem-se a estimativa de valor por ação. Quando se descontam as gerações de caixa livre para a empresa, é necessário fazer quatro ajustes para chegar ao valor por ação:

1. *Adicionar de volta o saldo de caixa da empresa*: como a geração de caixa livre para a empresa se baseia no lucro operacional antes das despesas financeiras, não se levou em conta as receitas de caixa, que não foram incluídas na estimativa de valor.
2. *Fazer ajustes por participações recíprocas*: também devem ser acrescentados os valores das pequenas participações (minoritárias) em outras empresas. As receitas oriundas dessas participações não foram incluídas nas gerações de caixa. Caso a empresa tenha participação majoritária em outra empresa, a exigência de consolidar e de divulgar 100% do lucro operacional antes das despesas financeiras da subsidiária como sendo da própria participante gera *participações minoritárias*, a estimativa contábil da parcela da subsidiária que não pertence à holding. É preciso subtrair do valor consolidado da empresa o valor de mercado estimado da participação minoritária.
3. *Subtraia as dívidas e outros passivos significativos*: como o valor do patrimônio líquido é posterior à dedução das dívidas, para calculá-lo é preciso subtrair todas as dívidas sujeitas a juros, a curto e a longo prazos. Caso existam pensões subestimadas, obrigações referentes à assistência médica, ou ações judiciais em andamento que possam gerar grandes passivos, é necessário estimar o valor dessas pendências e subtraí-lo na apuração do patrimônio líquido.
4. *Considere as contingências de remuneração em ações*: as despesas relacionadas com remuneração em ações devem ser tratadas como qualquer outra despesa operacional e reduzir o lucro operacional. Quando a remuneração com base em ações toma a

forma de opções, os analistas usam atalhos (como ajustar o número de ações para diluição) para lidar com essas opções. A abordagem certa é avaliar as opções (usando modelos de precificação de opções) e reduzir o valor do patrimônio líquido pelo valor da opção.

5. *Contagem das ações*: para chegar ao valor por ação deve-se dividir o valor total das ações pela quantidade de ações hoje, inclusive *ações restritas* que tenham sido emitidas como parte da remuneração da administração. *Não se deve ajustar essa contagem pela expectativa de futuras emissões de ações*, uma vez que essa hipótese já deve ter sido considerada no cálculo do valor intrínseco. Os fluxos de caixa negativos que dão origem a essas emissões de ações reduzem o valor que se atribui à empresa hoje.

No caso da KHC, no cálculo do valor dos ativos operacionais, adicionamos o saldo de caixa e subtraímos as dívidas pendentes e o valor estimado das opções sobre ações da administração para chegar ao valor do patrimônio líquido da KHC de US$ 27.376 milhões.

Valor do patrimônio líquido da KHC = Valor dos ativos operacionais + Caixa – Dívidas – Opções dos administradores
= US$ 44.538 + US$ 1.040 – US$ 20.070 – US$ 63 = US$ 25.445 milhões

Caso se divida por 1.235 milhões — o número de ações em circulação no momento — o resultado será de US$ 20,60 por ação.

Valor por ação = 25,445 / 1,235 = US$ 20,60 por ação

O QUE ESSES MODELOS NOS DIZEM?

E se o valor intrínseco obtido com base nas estimativas de geração de caixa e de riscos for muito diferente do preço de mercado? Há três possíveis explicações. Uma é que suas premissas ou suposições sobre o possível crescimento futuro da empresa estejam erradas ou sejam irrealistas. Uma segunda explicação correlata é que suas estimativas dos prêmios de risco para todo o mercado estejam incorretas. A terceira é que o preço de mercado seja inadequado e que o seu cálculo de valor justo esteja certo. Mesmo nesse último cenário, não há garantia de que se ganhe dinheiro com essa constatação. Para tanto, o mercado teria de corrigir suas expectativas, o que talvez não ocorra no futuro próximo. De fato, é até possível comprar ações que se supõem subavaliadas e sofrer prejuízo com quedas subsequentes, resultantes do agravamento da subavaliação pelo mercado. Por isso é que o horizonte a longo prazo é quase pré-requisito para o uso de modelos de avaliação intrínseca. Dar ao mercado mais tempo (digamos, 3 a 5 anos) para corrigir os erros oferece melhores chances do que a expectativa de correção no próximo trimestre ou nos próximos 6 meses.

O valor intrínseco por ação, de US$ 20,60, que calculamos para a KHC em julho de 2023, era muito mais baixo que o preço da ação, de US$ 36, à época. A ação parece estar sobrevalorizada, mas essa conjectura é função da baixa taxa de crescimento que previmos para a empresa. É concebível que consumidores mais jovens redescubram o sabor de ketchup e de queijo cremoso, o que talvez conduza a empresa de volta à trajetória de alto crescimento e de valorização da ação. Com efeito, é possível ter uma ideia do que a KHC precisa demonstrar para justificar o atual preço de mercado, alterando o crescimento da receita e as margens operacionais que supomos na Tabela 3.10.

As células sombreadas na tabela indicam valores superiores ao preço de mercado de US$ 36, e, como se vê, a KHC precisaria apresentar uma combinação de taxas de crescimento da receita e de margens operacionais muito mais elevadas do que presumimos em nosso caso básico de avaliação.

Tabela 3.10   Crescimento da Receita, Margens e Valor por Ação da KHC

		Alvo de margem operacional (no ano 5)				
		12%	14%	16%	18%	20%
Taxa de crescimento da receita (anos 1 a 5)	0%	US$ 12,15	US$ 16,06	US$ 19,96	US$ 23,87	US$ 27,77
	2%	US$ 13,97	US$ 18,39	US$ 22,82	US$ 27,24	US$ 31,66
	4%	US$ 15,95	US$ 20,96	US$ 25,96	US$ 30,97	US$ 35,97
	6%	US$ 18,12	US$ 23,78	US$ 29,43	US$ 35,09	US$ 40,74
	8%	US$ 20,51	US$ 26,88	US$ 33,26	US$ 39,64	US$ 46,01
	10%	US$ 23,11	US$ 30,30	US$ 37,48	US$ 44,66	US$ 51,84

TUDO ESTÁ NO VALOR INTRÍNSECO!

O valor intrínseco de uma empresa reflete seus fundamentos. Estimativas de geração de caixa, crescimento e risco, tudo está embutido nesse valor, e a eles se devem acrescentar todos os outros fatores qualitativos que, em geral, estão associados às altas avaliações, como excelente equipe gerencial, tecnologia superior e marca tradicional e duradoura. Não há necessidade de adornos na avaliação intrínseca benfeita.

Capítulo Quatro

Tudo É Relativo!

Determinação do Valor Relativo

Se a Cisco (CSCO) está sendo negociada a 17 vezes o lucro por ação, a Apple (AAPL) tem índice P/L de 21 e a Microsoft (MSFT) está precificada a 11 vezes o lucro por ação, que ação oferece a melhor oportunidade? Será que a Cisco está mais barata que a Apple? Será que a Microsoft é uma pechincha em comparação com a Apple e a Cisco? Será que realmente estamos falando de empresas semelhantes? A avaliação relativa consiste em comparar como os mercados precificam diferentes empresas, com a intenção de encontrar pechinchas.

Na avaliação relativa, precifica-se um ativo com base em como ativos semelhantes são precificados no mercado. O pretenso comprador de uma casa decide o quanto oferecer por uma casa depois de examinar os preços pagos por imóveis semelhantes no mesmo bairro. Da mesma maneira, o pretenso investidor na oferta pública inicial (Inicial Public Offering [IPO]) do Twitter, em 2013, poderia ter estimado o valor da ação com base nos preços de mercado de outras empresas de redes sociais. Os três passos essenciais na avaliação relativa são:

1. Encontrar ativos comparáveis que são precificados pelo mercado.

2. Ampliar os preços de mercado até uma variável comum, para gerar preços padronizados que sejam comparáveis entre os diferentes ativos.
3. Ao comparar os valores padronizados, fazer ajustes para compensar as diferenças entre os ativos. Uma casa mais nova, com características mais recentes, deve ter preço superior ao de uma casa mais antiga, com tamanho semelhante, que precise de reforma. Da mesma maneira, uma empresa em crescimento acelerado deve ser negociada a preço superior ao de outra empresa no mesmo setor que apresente crescimento mais lento.

A precificação pode ser feita com muito menos informação e muito mais rapidez que as avaliações intrínsecas, com maior probabilidade de refletir o ânimo do mercado no momento. Não admira que grande parte do que é considerada avaliação em bancos de investimento e em gestão de portfólio seja realmente precificação.

VALORES PADRONIZADOS E MÚLTIPLOS

A comparação de ativos que não sejam exatamente semelhantes pode ser um desafio. Quando se comparam os preços de dois prédios de diferentes tamanhos, na mesma localidade, o prédio menor parecerá mais barato, a não ser que se considere a diferença de tamanho, calculando o preço por metro quadrado. Quando se confrontam ações de diferentes empresas negociadas em bolsas de valores, o preço por ação de uma empresa é função tanto do valor do patrimônio líquido quanto do número de ações em circulação. Para comparar os preços de empresas "semelhantes" no mercado, o valor de mercado de uma empresa pode ser padronizado em relação ao lucro por ação, ao valor contábil, à geração de receita ou a um indicador específico da empresa ou setor (número de clientes, subscritores, unidades e assim por diante). Ao estimar o valor de mercado, têm-se três escolhas:

1. *Valor de mercado do patrimônio líquido*: o preço por ação ou capitalização de mercado.
2. *Valor de mercado da empresa*: a soma dos valores de mercado tanto das dívidas (capital de terceiros) quanto do patrimônio líquido (capital próprio).

3. *Valor de mercado dos ativos operacionais ou valor do empreendimento*: a soma dos valores de mercado das dívidas e do patrimônio líquido, mas com exclusão do valor de caixa.

Ao medir o lucro e o valor contábil, mais uma vez é possível adotar a perspectiva apenas dos investidores em capital próprio ou do total das dívidas (capital de terceiros) e do patrimônio líquido (capital próprio). Assim, o lucro por ação e o lucro líquido são resultados para o patrimônio líquido, ou remuneração do capital próprio, ao passo que o lucro operacional indica o lucro para a empresa, ou remuneração tanto do capital de terceiros quanto do capital próprio. O capital próprio dos acionistas no balanço patrimonial é o valor contábil do patrimônio líquido; o valor contábil de toda a empresa inclui as dívidas; e o valor contábil do capital investido é esse valor contábil, menos o caixa. Dando alguns exemplos: é possível dividir o valor de mercado do patrimônio líquido pelo lucro líquido para estimar o índice P/L (que indica o quanto os investidores em capital próprio estão pagando por unidade monetária de lucro), ou dividir o valor da empresa pelo EBITDA (*Earnings before interest, taxes, depreciation, and amortization*) ou LAJIDA (Lucro antes dos juros, do imposto, da depreciação e da amortização) para ter uma ideia do valor de mercado dos ativos operacionais em relação ao caixa gerado pelas operações. No entanto, a razão básica para a padronização não muda. Queremos comparar esses números entre empresas.[1]

Ao fazer essas comparações, enfrentamos mais dois desafios. O primeiro é identificar o que constitui uma empresa comparável, com a versão mais simples focando em empresas do "mesmo" grupo setorial ou de negócios semelhantes e as versões mais complexas procurando empresas semelhantes, em relação a tamanho, crescimento e risco. O segundo é controlar as diferenças que persistem entre essas empresas comparáveis, em termos de crescimento, risco e geração de caixa, com o objetivo de explicar se a empresa que está sendo precificada está com o preço muito alto ou muito baixo no cotejo com empresas comparáveis. A Figura 4.1 resume o processo de precificação.

---

[1] N.R.T.: Na verdade, não se deve confundir EBITDA ou LAJIDA com geração de caixa. Lucro e caixa são conceitos diferentes, pois nem todas as receitas e despesas significam entrada e saída de dinheiro. Ver http://www.investopedia.com/terms/e/ebitda.asp, em especial o trecho a seguir, traduzido do original em inglês: "Erro comum é supor que o EBITDA (LAJIDA) represente geração de caixa."

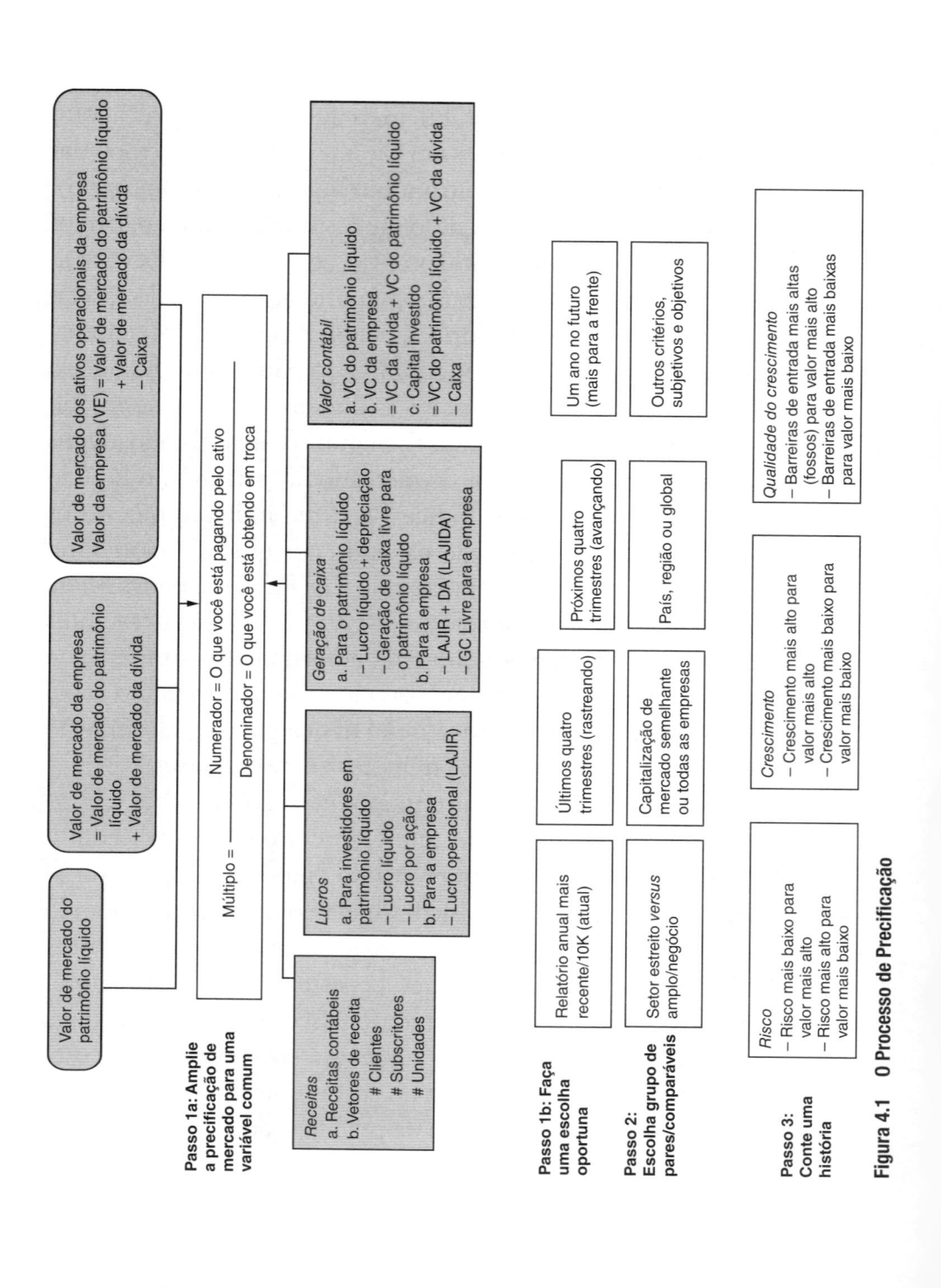

Passo 1a: Amplie a precificação de mercado para uma variável comum

- Valor de mercado do patrimônio líquido
- Valor de mercado da empresa = Valor de mercado do patrimônio líquido + Valor de mercado da dívida
- Valor de mercado dos ativos operacionais da empresa
  Valor da empresa (VE) = Valor de mercado do patrimônio líquido + Valor de mercado da dívida − Caixa

$$\text{Múltiplo} = \frac{\text{Numerador} = \text{O que você está pagando pelo ativo}}{\text{Denominador} = \text{O que você está obtendo em troca}}$$

Receitas
a. Receitas contábeis
b. Vetores de receita
  # Clientes
  # Subscritores
  # Unidades

Lucros
a. Para investidores em patrimônio líquido
  − Lucro líquido
  − Lucro por ação
b. Para a empresa
  − Lucro operacional (LAJIR)

Geração de caixa
a. Para o patrimônio líquido
  − Lucro líquido + depreciação
  − Geração de caixa livre para o patrimônio líquido
b. Para a empresa
  − LAJIR + DA (LAJIDA)
  − GC Livre para a empresa

Valor contábil
a. VC do patrimônio líquido
b. VC da empresa
  = VC da dívida + VC do patrimônio líquido
c. Capital investido
  = VC do patrimônio líquido + VC da dívida − Caixa

Passo 1b: Faça uma escolha oportuna

- Relatório anual mais recente/10K (atual)
- Últimos quatro trimestres (rastreando)
- Próximos quatro trimestres (avançando)
- Um ano no futuro (mais para a frente)

Passo 2: Escolha grupo de pares/comparáveis

- Setor estreito *versus* amplo/negócio
- Capitalização de mercado semelhante ou todas as empresas
- País, região ou global
- Outros critérios, subjetivos e objetivos

Passo 3: Conte uma história

Risco
− Risco mais baixo para valor mais alto
− Risco mais alto para valor mais baixo

Crescimento
− Crescimento mais alto para valor mais alto
− Crescimento mais baixo para valor mais baixo

Qualidade do crescimento
− Barreiras de entrada mais altas (fossos) para valor mais alto
− Barreiras de entrada mais baixas para valor mais baixo

Figura 4.1 O Processo de Precificação

QUATRO PASSOS PARA USAR MÚLTIPLOS

É fácil usar e abusar de múltiplos. Quatro são os passos básicos para usar os múltiplos com sabedoria e para detectar abusos em mãos alheias, a começar com (a) a verificação de que eles foram definidos com consistência; em seguida, com (b) a verificação de suas características distributivas e (c) a análise das variáveis determinantes de seus valores, para, por fim, concluir com (d) o uso deles nas comparações entre empresas.

Testes Conceituais

Mesmo os múltiplos mais simples são definidos e calculados de maneira diferente por diferentes analistas. O índice P/L de uma empresa pode ser calculado com base no lucro do último exercício social (P/L corrente), dos últimos quatro trimestres (P/L retrospectivo) ou dos próximos quatro trimestres (P/L prospectivo), que geram estimativas muito diferentes. Os P/Ls também podem variar, dependendo do uso de lucros diluídos ou primários. O primeiro teste a que se deve submeter o múltiplo é examinar a consistência entre numerador e denominador. Se o numerador for um valor de patrimônio líquido, também o denominador deve ser um valor de patrimônio líquido. Se o numerador for um valor da empresa, também o denominador deve ser um valor da empresa. Para ilustrar, o índice P/L terá sido definido com consistência se o numerador for o preço por ação (o que é um valor de patrimônio líquido) e o denominador for o lucro por ação (o que também é um valor de patrimônio líquido). Da mesma maneira, o múltiplo será compatível se se cotejar o valor do empreendimento com o LAJIDA, porquanto o numerador e o denominador são medidas dos ativos operacionais, o valor do empreendimento indica o valor de mercado dos ativos operacionais, e o LAJIDA é o caixa gerado pelos ativos operacionais.[2] Em contraste, os índices preço sobre vendas e preço sobre LAJIDA não são coerentes, uma vez que dividem o valor de mercado do patrimônio líquido por uma medida operacional. O uso desses múltiplos faz parecer barata qualquer empresa muito alavancada, ou seja, com alta proporção de capital de terceiros em relação ao capital próprio, ou patrimônio líquido.

---

[2] Ver N.R.T. anterior.

Evidentemente, também na comparação entre empresas, os múltiplos devem ser definidos de maneira uniforme entre todas as participantes do cotejo. Assim, caso se use em uma empresa o P/L retrospectivo, o mesmo indicador deve ser adotado em todas as demais, calculando-se, da mesma maneira, o lucro por ação retrospectivo para todas as empresas da amostra. No caso das medidas tanto de lucro quanto de valor contábil, diferenças nas normas contábeis podem resultar em números muito diferentes para o lucro e para os valores contábeis de empresas semelhantes. Mesmo nas empresas que adotam as mesmas normas contábeis, a adoção de diferentes critérios discricionários pode resultar em discrepância de valores.

Testes Descritivos

Ao usar múltiplos para avaliar empresas, geralmente não temos uma ideia muito nítida do que sejam valores altos ou baixos para o indicador adotado. Para desenvolver essa perspectiva, comece com as estatísticas básicas – a média e o desvio-padrão do múltiplo em questão. A Tabela 4.1 resume as principais estatísticas para quatro múltiplos muito usados em janeiro de 2023.

Tabela 4.1   Estatísticas Básicas sobre Múltiplos – Entre Ações dos EUA em Janeiro de 2023

	P/L corrente	Preço sobre patrimônio líquido contábil	VPL/LAJIDA	VPL/vendas
Média	109,25	12,40	323,31	89,04
Erro padrão	34,10	2,18	82,27	18,91
Mediana	13,92	1,59	13,30	2,70
Viés	37,69	26,22	34,25	31,13
Máximo	86.400,00	5.423,08	200.504,27	57.792,67

Se as médias entre as ações dos EUA parecem altas, é porque o valor mais baixo para qualquer um desses múltiplos é zero e o valor mais alto pode ser enorme, as distribuições de frequência desses múltiplos são enviesadas para valores positivos, como demonstra a distribuição de índices P/L de empresas americanas, em janeiro de 2023, apresentada na Figura 4.2.

A principal lição a ser extraída dessa definição é a de que o uso da média como medida de comparação pode ser perigoso no caso de qualquer múltiplo. Faz muito mais sentido adotar a mediana. O índice P/L mediano em janeiro de 2023 era de quase 13,92, bem abaixo do P/L médio de 109,25 apresentado na Tabela 4.1, e essa constatação se aplica a todos os múltiplos. Uma ação que estivesse sendo negociada a 18 vezes o lucro por ação, em janeiro de 2023, não estava barata, mesmo que esse número fosse inferior à média. Para evitar valores atípicos ou desvios extremos, os serviços especializados que calculam e divulgam os valores de tendência central de múltiplos eliminam previamente das amostras os valores extremos ou forçam os múltiplos a serem inferiores ou iguais a um número fixo. A consequência é que as médias reportadas por dois serviços quase nunca serão compatíveis, uma vez que tratam de maneira diferente os valores extremos.

Qualquer que seja o múltiplo, há empresas para as quais não é possível calculá-lo. Veja novamente o caso do índice P/L. Quando o lucro por ação é negativo, o índice preço/lucro não é significativo e, em geral,

Índices P/L atuais, passados e futuros: ações dos EUA em janeiro 2023

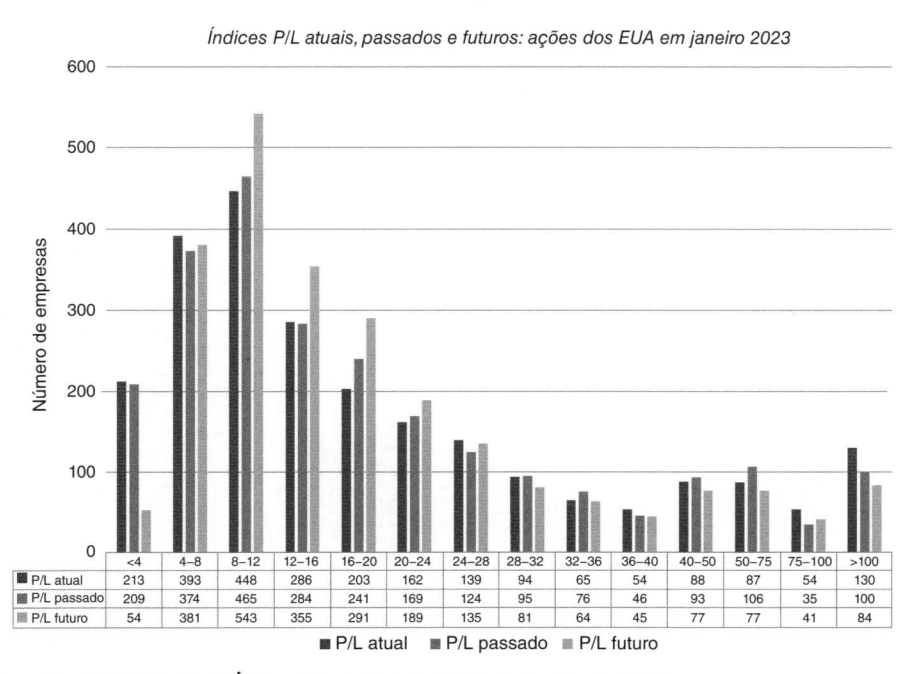

	<4	4–8	8–12	12–16	16–20	20–24	24–28	28–32	32–36	36–40	40–50	50–75	75–100	>100
P/L atual	213	393	448	286	203	162	139	94	65	54	88	87	54	130
P/L passado	209	374	465	284	241	169	124	95	76	46	93	106	35	100
P/L futuro	54	381	543	355	291	189	135	81	64	45	77	77	41	84

Figura 4.2 Distribuição do Índice P/L: Ações dos EUA em Janeiro de 2023

não é divulgado. Ao considerar o índice preço/lucro médio de um grupo de empresas, aquelas com lucro negativo serão excluídas da amostra, em virtude da impossibilidade de calcular o respectivo índice preço/lucro. Qual é a importância disso quando a amostra é grande? O fato de as empresas excluídas da amostra serem exatamente aquelas que estão perdendo dinheiro implica que o P/L médio do grupo estará distorcido para mais em consequência da eliminação dessas empresas. Em geral, convém ser cético sobre qualquer múltiplo que resulte em redução significativa do número de empresas que estão sendo analisadas.

Finalmente, os múltiplos mudam ao longo do tempo, em todo o mercado ou em setores específicos. Para dar uma ideia de como os múltiplos podem mudar ao longo do tempo, a Tabela 4.2 apresenta os P/L médios e medianos das ações dos EUA, de 2004 a 2023.

Uma ação com o P/L de 15 estaria barata em 2008, cara em 2009 e com o preço justo em 2010. Na tabela, mostramos a porcentagem de empresas de toda a amostra para as quais conseguimos calcular os índices P/L. Em cada ano, perdemos cerca de metade de todas as empresas da amostra por gerarem lucro negativo e a porcentagem de empresas com índices P/L declinou nos últimos 10 anos, mesmo quando a mediana do índice P/L aumentou em relação às baixas de 2008.

Por que os múltiplos mudam ao longo do tempo? Algumas das mudanças podem ser atribuídas aos fundamentos. À medida que as taxas de juros e o crescimento econômico mudam ao longo do tempo,

Tabela 4.2   Índices P/L ao Longo do Tempo: 2004 a 2023

Ano	P/L mediano	% com P/L	Ano	P/L mediano	% com P/L
2004	20,76	58,0%	2014	20,88	43,15%
2005	23,21	56,0%	2015	16,77	41,88%
2006	22,40	57,0%	2016	18,53	44,71%
2007	21,21	58,0%	2017	21,57	41,96%
2008	18,16	56,0%	2018	23,13	40,78%
2009	9,80	54,0%	2019	18,61	41,13%
2010	14,92	49,0%	2020	18,49	41,63%
2011	15,18	51,5%	2021	18,15	36,77%
2012	15,94	58,7%	2022	13,09	35,86%
2013	16,38	42,4%	2023	13,92	43,25%

os preços das ações também mudam para refletir essas alterações. Taxas de juros mais baixas, por exemplo, desempenharam um papel fundamental no aumento dos múltiplos de lucros, ao longo do período posterior a 2008. Algumas das mudanças, contudo, decorrem de alterações na percepção de risco pelo mercado. À medida que os investidores se tornam mais avessos ao risco, o que tende a acontecer durante as recessões, os múltiplos pagos pelas ações diminuem.

Do ponto de vista prático, quais são as consequências? A primeira é que as comparações de múltiplos ao longo do tempo são cheias de perigos. Por exemplo, a prática comum de tachar o mercado de subavaliado ou sobreavaliado, com base em comparações dos índices P/L atuais e históricos, redundará em julgamentos errôneos quando as taxas de juros estiverem mais altas ou mais baixas que os padrões históricos. A segunda é que as avaliações relativas são pouco duradouras. Uma ação pode parecer barata hoje em relação às de outras empresas comparáveis, mas essa avaliação pode mudar drasticamente em poucos meses. Finalmente, as regras práticas sobre o que constitui um índice P/L baixo ou alto que se mantém constante ao longo do tempo perderá a validade quando a distribuição dos índices P/L mudar ao longo do tempo.

Testes Analíticos

Na avaliação relativa, parte-se de tantas premissas quanto as que se adotam na avaliação por fluxo de caixa descontado. A diferença é que as premissas da avaliação relativa são implícitas e tácitas, enquanto as da avaliação por fluxo de caixa descontado são explícitas e expressas. No capítulo sobre avaliação intrínseca, observamos que o valor de uma empresa é função de três variáveis – sua capacidade de gerar caixa, o crescimento esperado dessa geração de caixa e a incerteza associada a essa geração de caixa. Todos os múltiplos, seja de lucro, de receita ou de valor contábil, são função das mesmas variáveis – risco, crescimento e potencial de geração de caixa. Intuitivamente, as empresas com taxas de crescimento mais altas, riscos mais baixos e maior potencial de geração de caixa devem ser negociadas a múltiplos mais altos que as empresas com taxas de crescimento mais baixas, riscos mais altos e menor potencial de geração de caixa. Para examinar mais a fundo os múltiplos de valor do patrimônio líquido e de valor do empreendimento, podemos voltar aos modelos simples de fluxo de caixa descontado para a estimativa do valor do patrimônio líquido e do valor da empresa e usá-los para extrair múltiplos.

No modelo mais simples de fluxo de caixa descontado para a estimativa do valor do patrimônio líquido, que é o modelo de desconto do dividendo com crescimento estável, o valor do patrimônio líquido é:

$$\text{Valor do patrimônio líquido} = \frac{\text{Dividendos esperados no próximo ano}}{\text{Custo do capital próprio} - \text{Taxa de crescimento esperada}}$$

Dividindo ambos os lados desta equação pelo lucro líquido, obtemos a equação de fluxo de caixa descontado que especifica o índice P/L para crescimento estável da empresa.

$$\frac{\text{Valor do patrimônio líquido}}{\text{Lucro líquido}} = P/L = \frac{\text{Índice de pagamento de dividendos}}{\text{Custo do capital próprio} - \text{Taxa de crescimento esperada}}$$

em que o índice de pagamento de dividendos é o dividendo dividido pelo lucro líquido.

Os principais determinantes do índice P/L são a taxa de crescimento esperada do lucro por ação, o custo do capital próprio e o índice de pagamento de dividendos. Tudo o mais igual, é de se esperar que as empresas com *taxa de crescimento mais alta, riscos mais baixos e índice de pagamento de dividendos mais alto sejam negociadas a múltiplos de lucro mais altos* que as empresas sem essas características. Dividindo ambos os lados da equação pelo valor contábil do patrimônio líquido, temos o índice preço/valor contábil para uma empresa de crescimento estável.

$$\frac{\text{Valor do patrimônio líquido}}{\text{VC do patrimônio líquido}} = PVC = \frac{\text{ROE} \times \text{Índice de pagamento de dividendos}}{\text{Custo do capital próprio} - \text{Taxa de crescimento esperada}}$$

em que ROE é o retorno sobre o patrimônio líquido (lucro líquido/valor contábil do patrimônio líquido) e é a única variável além das três que determinam os índices P/L (taxa de crescimento, custo do capital próprio e índice de pagamento de dividendos) que afetam o índice preço/VC do patrimônio líquido. Embora todos esses cálculos estejam baseados no modelo de desconto de dividendos com crescimento estável, as conclusões também se aplicam a empresas com potencial de alto crescimento e a outros modelos de avaliação de patrimônio líquido.

Podemos fazer análises semelhantes para deduzir os múltiplos do valor da empresa. O valor de uma empresa em condições de crescimento estável pode ser expresso nos seguintes termos:

$$\text{Valor do empreendimento} = \frac{\text{GCLE esperado para o próximo ano}}{\text{Custo do capital total} - \text{Taxa de crescimento esperada}}$$

Como a geração de caixa livre da empresa é o lucro operacional antes das despesas financeiras e depois dos impostos, deduzidas as despesas de capital líquidas e as necessidades de capital da empresa, a equação pode ser reescrita como se segue:

$$\text{Valor do empreendimento} = \frac{\text{LAJI}(1 - \text{alíquota tributária})(1 - \text{Taxa de reinvestimento})}{\text{Custo de capital total} - \text{Taxa de crescimento esperada}}$$

Dividindo ambos os lados dessa equação pelas vendas e definindo a margem operacional antes das despesas financeiras e depois dos impostos como lucro operacional antes das despesas financeiras e depois dos impostos dividido pelas vendas, chega-se ao seguinte:

$$\frac{\text{Valor do empreendimento}}{\text{Vendas}} = \frac{(\text{Margem operacional depois dos impostos})(1 - \text{Taxa de reinvestimento})}{(\text{Custo do capital total} - \text{Taxa de crescimento esperada})}$$

A Tabela 4.3 resume os múltiplos e as principais variáveis que determinam cada múltiplo, com o sinal da relação entre parênteses ao lado de cada variável: (⇧) indica que um aumento nessa variável aumentará o múltiplo, enquanto (⬇) indica que um aumento nessa variável diminuirá o múltiplo, tudo o mais constante.

Embora cada múltiplo seja determinado por muitas variáveis, há uma única variável dominante quando se trata de explicar cada múltiplo (e não é a mesma variável para todos os múltiplos). Essa variável é denominada *variável acompanhante* e é fundamental para identificar ações subavaliadas. Na Tabela 4.4, identificam-se as variáveis acompanhantes e as incompatibilidades de seis múltiplos.

Tabela 4.3   Fundamentos que Determinam os Múltiplos

Múltiplos	Determinantes fundamentais
Índice P/L	Crescimento esperado (⇧), pagamento de dividendos (⇧), risco (⇩)
Índice preço/Valor contábil do patrimônio líquido	Crescimento esperado (⇧), pagamento de dividendos (⇧), risco (⇩), ROE (⇧)
Índice preço/Vendas	Crescimento esperado (⇧), pagamento de dividendos (⇧), risco (⇩), margem líquida (⇧)
VPL sobre GCLE	Custo do capital total (⇩), taxa de crescimento (⇧)
VPL sobre LAJIDA	Crescimento esperado (⇧), taxa de reinvestimento (⇩), risco (⇩), ROIC (⇧), alíquota tributária (⇩)
Índice VPL sobre capital	Crescimento esperado (⇧), taxa de reinvestimento (⇩), risco (⇩), ROIC (⇧)
Índice VPL sobre vendas	Crescimento esperado (⇧), taxa de reinvestimento (⇩), risco (⇩), margem operacional (⇧)

Tabela 4.4   Incompatibilidades na Avaliação

Múltiplos	Variáveis acompanhantes	Indicador de incompatibilidade para empresa subavaliada
Índice P/L	Crescimento esperado	Índice P/L baixo com taxa de crescimento esperada alta no lucro por ação
Índice P/VC	ROE	Índice P/VC baixo com ROE alto
Índice P/V	Margem líquida	Índice P/V baixo com margem líquida alta
VPL/LAJIDA	Taxa de reinvestimento	Índice VPL/LAJIDA baixo com necessidades de reinvestimento baixas
VPL/Capital	Retorno sobre o capital	Índice VPL/Capital baixo com retorno sobre o capital alto
VPL/Vendas	Margem operacional antes das despesas financeiras e depois dos impostos	Índice VPL/Vendas baixo com margem operacional antes das despesas financeiras e depois dos impostos alta

Testes de Aplicação

Os múltiplos tendem a ser usados em confronto com os de empresas comparáveis para determinar o valor da empresa ou de seu patrimônio líquido. Empresas comparáveis são aquelas com capacidades de geração de caixa, potencial de crescimento e riscos semelhantes. Em nenhum lugar dessa definição existe um componente que se relacione com a indústria ou o setor de atuação das empresas. Portanto, uma empresa de telecomunicações pode ser comparada com uma empresa de software, se as duas forem idênticas em termos de geração de caixa, crescimento e risco. Na maioria das análises, contudo, os analistas definem empresas comparáveis como empresas com os mesmos negócios. Como exemplo ilustrativo, em 2009, caso se estivesse tentando avaliar a Todhunter International e a Hansen Natural, duas empresas de bebidas, elas seriam comparadas com outras empresas de bebidas quanto ao preço (índices P/L) e fundamentos (crescimento e risco).

Se houver empresas suficientes no setor, essa lista pode ser reduzida ainda mais, com base em outros critérios, como, por exemplo, considerando apenas empresas de tamanho semelhante. Por mais cuidadosos que sejamos na elaboração de nossa lista de empresas comparáveis, acabaremos com empresas diferentes daquela que estamos avaliando. Há três maneiras de controlar essas diferenças, e usaremos o setor de bebidas para ilustrar cada uma delas.

Na primeira, o analista compara o múltiplo no qual a empresa é negociada com a média computada; se a diferença for significativa, o analista pode fazer um julgamento subjetivo sobre se as características individuais da empresa (crescimento, risco ou geração de caixa) pode explicar a diferença. Na Tabela 4.5, por exemplo, a Todhunter é negociada a um P/L de 8,94, muito mais baixo que as outras empresas de bebidas, mas também apresenta crescimento esperado muito mais baixo.

Tabela 4.5 Empresas de Bebidas nos EUA em Março de 2009

Nome da empresa	P/L retrospectivo	Crescimento esperado do LPA	Desvio-padrão dos preços das ações
Andres Wines Ltd. "A"	8,96	3,50%	24,70%
Anheuser-Busch	24,31	11,00%	22,92%
Boston Beer "A"	10,59	17,13%	39,58%
Brown-Forman "B"	10,07	11,50%	29,43%
Chalone Wine Group Ltd.	21,76	14,00%	24,08%
Coca-Cola	44,33	19,00%	35,51%
Coca-Cola Bottling	29,18	9,50%	20,58%
Coca-Cola Enterprises	37,14	27,00%	51,34%
Coors (Adolph) "B"	23,02	10,00%	29,52%
Corby Distilleries Ltd.	16,24	7,50%	23,66%
Hansen Natural Corp.	9,70	17,00%	62,45%
Molson Inc. Ltd. "A"	43,65	15,50%	21,88%
Mondavi (Robert) "A"	16,47	14,00%	45,84%
PepsiCo, Inc.	33,00	10,50%	31,35%
Todhunter Int'l	8,94	3,00%	25,74%
Whitman Corp.	25,19	11,50%	44,26%
Média	22,66	12,60%	33,30%
Mediana	22,39	11,50%	29,48%

A Hansen Natural também parece barata, com P/L de 9,70, mas suas ações têm sido muito voláteis. Se, no julgamento do analista, a diferença de P/L não pode ser explicada pelos fundamentos (baixo crescimento ou alto risco), a empresa será considerada subavaliada. O ponto fraco dessa abordagem não consiste em que os analistas devam fazer julgamentos subjetivos, mas sim que os julgamentos em geral são pouco mais que meras adivinhações.

Na segunda abordagem, modificamos o múltiplo para levar em conta a variável mais importante que o determina – a variável acompanhante. A título de exemplo, os analistas que comparam índices P/L entre empresas com taxas de crescimento muito diferentes geralmente dividem o índice P/L pela taxa de crescimento esperada do LPA para determinar o índice P/L ajustado ao risco, ou o índice P/L/C. Retornando à Tabela 4.5, vejamos a situação da Todhunter e da Hansen, em comparação com outras empresas de bebidas:

$$\text{Índice P/L/C da Todhunter} = \frac{\text{Índice P/L da Todhunter}}{\text{Taxa de crescimento da Todhunter}} = \frac{8{,}94}{3} = 2{,}98$$

$$\text{Índice P/L/C da Hansen} = \frac{\text{Índice P/L da Hansen}}{\text{Taxa de crescimento da Hansen}} = \frac{9{,}70}{17} = 0{,}57$$

$$\text{Índice P/L/C do setor de bebidas} = \frac{\text{Índice P/L médio}}{\text{Taxa de crescimento média do setor}} = \frac{22{,}66}{12{,}60} = 1{,}80$$

A cotação da Hancen continua parecendo baixa, com base no índice P/L/C, em comparação com as de suas homólogas do setor, mas a da Tedhunter, com um índice P/L/C de 2,98 (8,94/3) agora parece alta. Partimos de duas premissas implícitas quando usamos esses múltiplos modificados. A primeira é que essas empresas apresentam riscos equivalentes, um problema para a Hansen, que parece mais arriscada que outras empresas do setor. A outra é que crescimento e P/L se movimentam proporcionalmente; por exemplo, quando o crescimento dobra, os índices P/L também dobram. Se essa premissa não se sustentar e os índices P/L não aumentarem em proporção ao crescimento, as empresas com altas taxas de crescimento parecerão mais baratas com base no índice P/L/C.

Nas comparações entre empresas, quando há mais de uma variável a que se ajustar, dispõe-se de técnicas estatísticas promissoras. Em uma regressão múltipla, por exemplo, tentamos explicar uma variável dependente (como P/L ou VPL/LAJIDA) usando variáveis independentes (como crescimento e risco) que acreditamos influenciarem a variável dependente. As regressões oferecem duas vantagens em relação à abordagem subjetiva. Primeira, o produto da regressão nos oferece um indicador da força da relação entre o múltiplo e a(s) variável(is) adotada(s). Segunda, ao contrário da abordagem do múltiplo modificado, pela qual conseguimos controlar as diferenças em apenas uma variável, a regressão pode ser ampliada para admitir mais de uma variável e até efeitos cruzados entre essas variáveis. Aplicando-se essa técnica aos dados da empresa de bebida da Tabela 4.5, faz-se a regressão dos índices P/L contra o crescimento esperado e o risco (desvio-padrão dos preços das ações), conforme se segue:

$$P/L = 20{,}80 - 63{,}87 \text{ Desvio-padrão} + 183{,}23 \text{ Crescimento esperado}$$
$$(3{,}27)\quad (2{,}83)\qquad\qquad (3{,}93)$$
$$R^2 = 51\%$$

O R ao quadrado indica os 51% da diferença nos índices P/L das empresas de bebidas, que é explicado por diferenças em nossos indicadores de crescimento e risco. As estatísticas t, entre parênteses, abaixo dos coeficientes, indicam que o desvio-padrão e o crescimento esperado oferecem explicações importantes, do ponto de vista estatístico, das diferenças nos índices P/L no setor de bebidas, em 2009. Finalmente, a regressão em si pode ser usada para se obter os índices P/L previstos para as empresas da lista. Assim, os índices P/L para a Todhunter e Hansen, com base nas medidas esperadas de crescimento e risco, são os seguintes:

$$\text{P/L para a Todhunter} = 20{,}80 - 63{,}87\,(0{,}2574) + 183{,}23\,(0{,}03) = 9{,}86$$
$$\text{P/L para a Hansen} = 20{,}80 - 63{,}87\,(0{,}6245) + 183{,}23\,(0{,}17) = 12{,}06$$

Estas são previsões ajustadas de risco e crescimento, com base nas quais ambas as empresas parecem subavaliadas, embora menos que o sugerido por nossa comparação inicial.

AVALIAÇÃO/PRECIFICAÇÃO COM BASE EM ATIVOS

Há um método de precificação alternativo à avaliação que, embora não o consideremos adequado, consiste em avaliar cada um dos ativos de propriedade de uma empresa, e depois acumular os valores parciais, para compor uma avaliação agregada. Assim, no caso de uma empresa com cinco imóveis, cada um deles seria avaliado, e com a soma dos resultados parciais teríamos valor da empresa. No caso de uma companhia aberta, o processo poderia consistir em avaliar cada item do ativo e agregar os resultados parciais, ou em desmembrar a empresa por área geográfica ou tipo de negócio para se compor o valor total.

Não considerarmos esse método uma abordagem de avaliação diferente porque o valor atribuído a um item do ativo ou a um segmento da organização também deveria resultar de uma avaliação intrínseca de cada ativo ou segmento ou, como é mais comum, de uma pesquisa dos preços de mercado ou da comparação com o que outros estão pagando por itens semelhantes. Para estimar o valor intrínseco desses ativos ou segmentos, será preciso compilar informações para a composição de fluxos de caixa, taxas de crescimento e níveis de risco.

VALOR INTRÍNSECO *VERSUS* VALOR RELATIVO (PRECIFICAÇÃO)

As duas abordagens à avaliação – intrínseca e relativa – geralmente produzem diferentes estimativas de valor para a mesma empresa, no mesmo ponto do tempo. É até possível que uma abordagem gere o resultado de que a ação está subavaliada enquanto a outra conclua que ela está sobreavaliada. No começo de 2000, por exemplo, uma avaliação da Amazon.com por fluxo de caixa descontado sugeriu que ela estava muito sobreavaliada, enquanto a avaliação em relação a outras empresas de Internet na mesma época levava à conclusão oposta. Além disso, mesmo pela avaliação relativa, podemos chegar a estimativas de valor diferentes, dependendo do múltiplo adotado e das empresas tomadas como base de comparação.

As diferenças entre os resultados gerados pela avaliação por fluxo de caixa descontado e pela avaliação relativa decorrem de diferentes percepções da eficiência ou ineficiência do mercado. Na avaliação por fluxo de caixa descontado, assumimos que os mercados cometem erros, que eles corrigem esses erros ao longo do tempo e que esses erros, não raro, ocorrem em setores inteiros ou até em todo o mercado. Na avaliação relativa, assumimos que, embora os mercados cometam erros em relação a determinadas ações individualmente consideradas, eles estão corretos em média. Em outras palavras, quando avaliamos uma nova empresa de software em comparação com outras pequenas empresas de software, assumimos que o mercado, em média, precificou corretamente essas empresas, mesmo que tenha cometido erros na precificação de cada uma delas isoladamente. Assim, uma empresa pode estar superavaliada, com base no fluxo de caixa descontado, mas subavaliada, sob o critério relativo, se as empresas usadas para cotejo na avaliação relativa estiverem superprecificadas pelo mercado. A recíproca ocorreria se todo um setor ou mercado estiver subprecificado.

A questão sobre qual é o melhor método para atribuir valores a ativos ou a segmentos – a avaliação intrínseca ou a precificação de mercado – não faz sentido, já que a escolha dependerá da mentalidade – de investidor ou de operador. Se, em sua opinião, todo ativo gerador de fluxo de caixa tem valor intrínseco e o preço de mercado mais cedo ou mais tarde se deslocará para esse valor intrínseco, você é um investidor e deve estimar o valor intrínseco. Se, por outro lado, entende que o valor intrínseco é uma ilusão e que o mercado nem sempre se ajustará a ele, você é um operador, e seu foco será em precificar ativos, não em avaliá-los. Os mercados precisam de investidores e operadores, aqueles para pesquisar informações e identificar erros de mercado, estes para fornecer liquidez.

EINSTEIN ESTAVA CERTO

Na avaliação relativa ou precificação, estimamos o valor de um ativo observando como ativos semelhantes são precificados. Embora o atrativo dos múltiplos continue sendo a simplicidade, o segredo de usá-los com sabedoria continua sendo encontrar empresas comparáveis e fazer ajustes pelas diferenças elas, em termos de crescimento, risco e geração de caixa. Einstein estava certo sobre a relatividade, mas até mesmo ele teria dificuldade em aplicar a avaliação relativa nos mercados de ações de hoje.

Capítulo Cinco

Histórias e Números

Narrativa, Valor e Preço

Depois de ler os últimos dois capítulos sobre valor e preço, você talvez tenha concluído que avaliação e precificação são questões meramente quantitativas, envolvendo apenas números, mas, assim raciocinando, você estaria errado. Neste capítulo, mostraremos que há uma história por trás dos números no processo de avaliação e de precificação de uma empresa e que a chave para a boa avaliação de empresas é a capacidade de elaborar histórias de negócios plausíveis e de associar essas histórias aos números que serviram de base para a sua avaliação. Partindo dessa premissa, começaremos com a explicação de como as avaliações conectam as histórias a números e, então, descreveremos o processo de contar uma história de negócios, conferindo a razoabilidade da história e convertendo essa história em fatores de avaliação e em criação de valor.

AVALIAÇÃO COMO PONTE

A boa avaliação é uma imbricação entre histórias e números, conectando uma história sobre um negócio a fatores de avaliação e, por extensão, à criação de valor. Esse processo se sintetiza na Figura 5.1.

Em termos simples, a compilação de números em uma planilha ou em um algoritmo fornece um modelo financeiro, não uma avaliação, e conta uma história sobre as perspectivas de um negócio; por mais sobranceira e convincente que seja, talvez mal passe de um conto de fadas. Para que uma avaliação se enraíze na realidade, todos os números que a compõem, quantificando crescimento, risco e lucratividade, precisam lastrear-se em uma história que os explique, e toda história que você conta sobre sua empresa, desde a marca registrada à qualidade da gestão, precisa fincar-se em números que a sustentem.

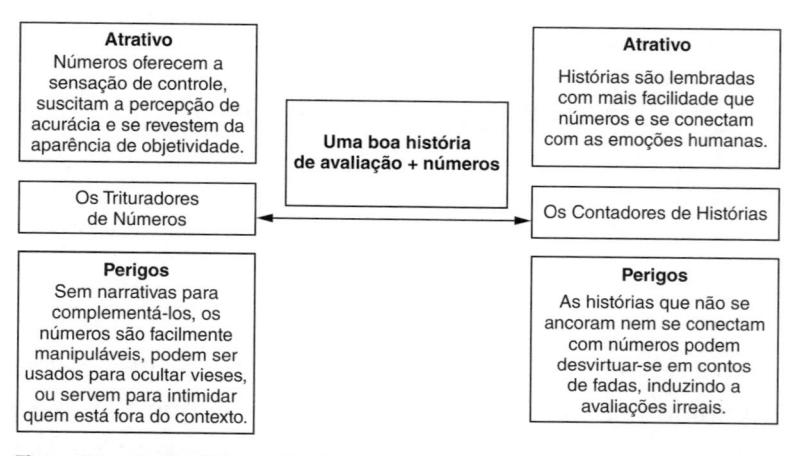

Atrativo		Atrativo
Números oferecem a sensação de controle, suscitam a percepção de acurácia e se revestem da aparência de objetividade.	Uma boa história de avaliação + números	Histórias são lembradas com mais facilidade que números e se conectam com as emoções humanas.
Os Trituradores de Números		Os Contadores de Histórias
Perigos		Perigos
Sem narrativas para complementá-los, os números são facilmente manipuláveis, podem ser usados para ocultar vieses, ou servem para intimidar quem está fora do contexto.		As histórias que não se ancoram nem se conectam com números podem desvirtuar-se em contos de fadas, induzindo a avaliações irreais.

Figura 5.1 Avaliação como Ponte

Comparar o processo de avaliação com uma ponte entre histórias e números também põe em foco o que é necessário para ser capaz de avaliar empresas. Para que suas avaliações façam sentido e se tornem a base de suas iniciativas, você precisa tornar-se um contador de histórias disciplinado ou um triturador de números imaginoso. Se o seu ponto forte for trabalhar com números, seu esforço, como avaliador de empresas, deve consistir em ficar mais à vontade lidando com fatores qualitativos e, como complemento, associando-os aos seus números. Se a sua preferência for contar histórias, você precisa se acostumar a trabalhar com números de maneira mais confortável para converter suas histórias em fatores de avaliação.

DE HISTÓRIAS PARA NÚMEROS: O PROCESSO

Nesta seção, apresentaremos a sequência que usamos para converter histórias em números, em uma avaliação. Observe, contudo, que essa sequência não é lavrada em pedra e que é possível encontrar uma variante que lhe pareça mais eficaz, cujo produto final seja uma aglutinação de narrativa com números.

Passo 1: construa uma história de negócios

O primeiro passo consiste em criar uma história de avaliação que, em sua opinião, seja a que melhor se aplica à empresa que está sendo avaliada. Para tanto, porém, é preciso fazer o dever de casa, conhecendo a empresa e seus produtos, o mercado em que ela atua e os concorrentes com quem porfia. Para fazer essas conjecturas, é possível basear-se no seguinte:

- *O negócio da empresa*: um dos componentes mais cruciais na criação de uma história de negócios para uma empresa é definir seu ramo de atuação, e, embora talvez pareça óbvio, o processo é mais difícil do que se supõe à primeira vista. Por exemplo, ao se deparar com a pergunta "Em que negócio o Facebook atua?", muita gente responderia "redes sociais"; essas, porém, são plataformas para desenvolver outros negócios, não um negócio em si. O Facebook, pelo menos em 2023, gerou quase a totalidade de suas receitas com propaganda, e a suposição de que o Facebook continuará atuando em propaganda delineará sua história para o Facebook.
- *A história financeira da empresa*: ao desenvolver sua história para a empresa, é importante levar em conta seu roteiro financeiro, não por acreditar que passado é prólogo, mas por assumir que um relato (em termos de crescimento e lucratividade no passado) se repetirá em uma história que precisa de justificação, como presumir uma ruptura na história (p. ex., de alto crescimento para baixo crescimento ou de perda de dinheiro para ganho de dinheiro, na forma de geração de caixa). Como veremos nos capítulos vindouros, uma explicação para as dificuldades dos analistas na avaliação de *startups* (ou empresas emergentes) e de empresas jovens é a ausência de um fio condutor.
- *História e crescimento no mercado total*: a história de crescimento no mercado total dos produtos e serviços da empresa, com estimativas de expansão no futuro, é determinante fundamental da história da empresa. É mais fácil contar uma história de alto crescimento quando a empresa atua em um mercado dinâmico

e próspero (p. ex., NVIDIA no negócio de *chips* para inteligência artificial, em 2023) do que se a empresa sobrevive em um mercado estagnado ou decadente (Coca-Cola em refrigerantes e Altria em tabaco, em 2023).

- *A competição*: embora atuar em um mercado em crescimento proporcione efeito semelhante ao do vento de cauda, esse contexto também é muito competitivo, e a história está cheia de empresas que quebram e naufragam em mercados de concorrência acirrada. Ao descrever a história da empresa, é preciso levar em conta suas vantagens competitivas ou a falta delas, e prever como esses diferenciais positivos evoluirão ao longo do tempo. As empresas que operam em negócios em que as barreiras de entrada são poucas ou irrelevantes enfrentarão mais dificuldades para crescer, e suas histórias de negócios terão de refletir esse constrangimento.
- *A macroeconomia*: à medida que as empresas e os setores de atividade se expõem ao risco macroeconômico, sua história terá de incorporar os acontecimentos nesse *front*. Assim, se você estiver avaliando uma empresa cíclica, suas previsões sobre a economia podem tornar-se parte da história de sua empresa, e, no caso de uma companhia de petróleo, suas expectativas sobre o curso futuro das cotações dessa *commodity* serão fator crítico na história de sua empresa.

Ao elaborar uma história de negócios para a sua empresa, convém lembrar-se de que você não atua como romancista criativo e que você está descrevendo um contexto realista para a avaliação ponderada de um negócio. Portanto, você deve almejar fazer o seguinte:

- *Simplifique*: ao contar histórias de negócios sobre empresas, é fácil se deixar levar por variantes dessas histórias, que talvez sejam interessantes, mas que pouco contribuem para o valor da empresa. As histórias de negócios que mais influenciam o processo de avaliação tendem a ser compactas, impelindo a empresa à sua essência. Em nossas avaliações da Amazon, de 1997 a 2012, o cerne de nossa história sobre o negócio reduzia a Amazon à condição de um *Campo de Sonhos*, que se desenvolve em torno da crença de que você desenvolve o negócio para conquistar clientes e gerar receitas, os lucros serão suas consequências naturais, e, em nossas avaliações posteriores a 2013, a história converteu-se em descrição de uma espécie de *Máquina de Disrupção*, uma empresa que sairia no encalço de qualquer negócio que parecesse ter pontos fracos a serem explorados por um ator mais paciente e eficiente.

- *Mantenha o foco*: não importa qual seja o negócio que está sendo avaliado, o fator crítico que mais influencia a estimativa de valor é a capacidade de gerar caixa. Em suma, a história de um negócio, mesmo que não esteja dando dinheiro agora, deve incluir caminhos para ser lucrativo no futuro.

A empresa que usaremos para ilustrar esse processo é a Zomato, empresa indiana de entrega de refeições de restaurantes, na época de sua oferta pública inicial (IPO, do inglês *Initial Public Offering*) de ações em bolsa de valores, em 2021. Na época da IPO, a Zomato gerava receitas modestas e apresentava grandes prejuízos operacionais, mas tinha *market share* (participação no mercado) significativa no mercado de entrega de refeições de restaurantes, com dois grandes concorrentes (Zwiggy e Amazon Foods). A criação de uma história para a Zomato exige compreensão do mercado indiano de entregas de refeições de restaurantes e de seu potencial de crescimento. Na Tabela 5.1, comparamos

Tabela 5.1 Mercados de Entrega de Comida de Restaurante em 2020

	Índia	China	EUA	UE
Geral				
PIB em 2020 (em trilhões)	US$ 2,71	US$ 14,70	US$ 20,93	US$ 15,17
População (milhões)	1.360	1.430	330	445
PIB per capita	US$ 1.993	US$ 10.280	US$ 63.424	US$ 34.090
Número de restaurantes (em milhares)	1.000	9.000	660	890
Entrega de comida				
Acesso on-line (%)	43%	63%	88%	90%
Usuários de entrega de comida on-line (milhões)	50	450	105	150
Mercado de entrega de comida on-line (US$ milhões) em 2019	US$ 4.200	US$ 90.000	US$ 21.000	US$ 15.000
Mercado de entrega de comida on-line (US$ milhões) em 2020	US$ 2.900	US$ 110.000	US$ 49.000	US$ 13.800

PIB: produto interno bruto.

o tamanho do mercado indiano de entrega de refeições de restaurantes com os dos mercados dos EUA, União Europeia (EU) e China.

Como se pode ver, o mercado indiano de entrega de comida fica atrás dos outros três mercados em tamanho e uso per capita, mas parte dessa diferença pode ser atribuída às disparidades em riqueza (o PIB indiano mais baixo) e em serviços de internet (pois os serviços de entrega da Zomato são pedidos por aplicativos de telefone). Outra parte também pode ser explicada pela diversidade cultural, com os indianos menos propensos a comer em restaurantes que seus homólogos americanos e chineses.

Nossa história da Zomato inclui componentes que se relacionam com as peculiaridades do país e com o grau de propensão de fazer refeições em restaurantes na Índia:

- O mercado indiano de entrega de comida de restaurante crescerá, à medida que os indianos prosperarem e dispuserem de maior acesso on-line, para chegar a US$25 bilhões (₹1.800 a ₹2.000 bilhões) em 10 anos.
- O mercado continuará sob o domínio de dois ou três grandes participantes, embora com muitos concorrentes locais e de nicho, os quais continuarão a deter fatia significativa do mercado. A Zomato será um dos vencedores/sobreviventes e deterá fatia de 40% do mercado indiano total.
- As receitas da Zomato representam a porcentagem dos pedidos brutos encomendados nessa plataforma que se destinam a essa empresa. Esse número era de 23,13% em 2020 e de 21,03% em 2021; assumiremos que essa fatia convergirá para 22% nos próximos anos, à medida que o mercado de entregas amadurece e a competição se intensifica.
- As maiores despesas em negócios intermediários, como a Zomato, que conecta clientes com negócios, se destinam geralmente à aquisição de clientes e às atividades de marketing, e, à medida que o crescimento desacelera, essas despesas também devem diminuir como porcentagem da receita, gerando um ganho de lucratividade. Assumiremos que as margens operacionais antes dos impostos se inclinarão rumo aos 30%, em grande extensão porque acreditamos que o mercado será dominado por uns poucos grandes atores, mas com a possibilidade muito real

de que um concorrente desonesto, que não esteja disposto a participar do jogo, possa reverter a tendência da lucratividade.
- O reinvestimento da Zomato, para promover aumento da receita, serão investimentos em tecnologia e em aquisições, e essa necessidade se estenderá ao futuro próximo, com atenuação nos anos subsequentes, à medida que o crescimento declina.
- Em termos de risco operacional, a empresa, apesar de suas ambições globais, ainda é basicamente indiana, cujo sucesso depende do crescimento da macroeconomia indiana, e nosso custo de capital em rupia incorporará o risco-país.
- A Zomato é uma empresa deficitária, mas não é uma *startup*. No lado positivo, seu tamanho e acesso a capital, assim como seus resultados pós-IPO, aumentaram o saldo de caixa e diminuíram o risco de fracasso. No lado negativo, trata-se de uma empresa que ainda está queimando dinheiro e no futuro próximo precisará levantar capital para sobreviver. No cômputo geral, estimamos em 10% a probabilidade de fracasso, refletindo essa conjuntura.

Com efeito, em nossa história, a Zomato continua sendo, essencialmente, um negócio de entrega de refeições de restaurantes, com receitas suplementares oriundas de suas incursões em entregas de gêneros alimentícios e produtos de saúde.

Passo 2: o teste 3P

Depois de criar uma história de negócios para a sua empresa, é hora de parar e verificar se a sua história passa no teste 3P: **p**ossível, **p**lausível e **p**rovável. Mostramos as diferenças entre os três Ps na Figura 5.2.

À medida que você avança de possível para plausível e depois para provável, o teste vai ficando cada vez mais rigoroso, exigindo explicações mais convincentes ou demandando mais dados do contador de histórias. O teste de «possibilidade» é o mais fraco dos três, exigindo apenas que se demonstre a existência de um caminho que sustente a sua história e que ela não seja um conto de fadas. O teste de «plausibilidade» é mais forte e exige evidências de que você foi bem-sucedido, ao menos em menor escala (em teste de mercado ou em âmbito restrito)

Probabilidade de ocorrência

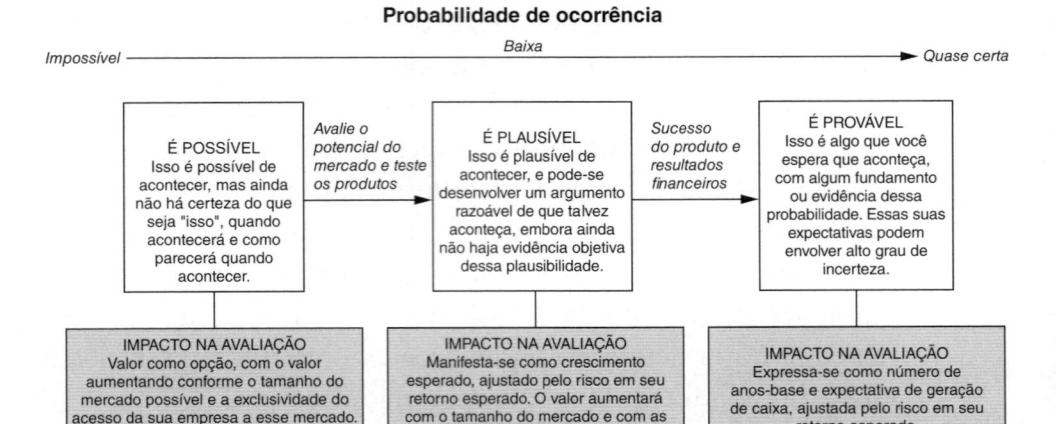

Impossível ——————————————— *Baixa* ———————————————▶ *Quase certa*

É POSSÍVEL		É PLAUSÍVEL		É PROVÁVEL
Isso é possível de acontecer, mas ainda não há certeza do que seja "isso", quando acontecerá e como parecerá quando acontecer.	Avalie o potencial do mercado e teste os produtos →	Isso é plausível de acontecer, e pode-se desenvolver um argumento razoável de que talvez aconteça, embora ainda não haja evidência objetiva dessa plausibilidade.	Sucesso do produto e resultados financeiros →	Isso é algo que você espera que aconteça, com algum fundamento ou evidência dessa probabilidade. Essas suas expectativas podem envolver alto grau de incerteza.
IMPACTO NA AVALIAÇÃO Valor como opção, com o valor aumentando conforme o tamanho do mercado possível e a exclusividade do acesso da sua empresa a esse mercado.		**IMPACTO NA AVALIAÇÃO** Manifesta-se como crescimento esperado, ajustado pelo risco em seu retorno esperado. O valor aumentará com o tamanho do mercado e com as vantagens competitivas da sua empresa.		**IMPACTO NA AVALIAÇÃO** Expressa-se como número de anos-base e expectativa de geração de caixa, ajustada pelo risco em seu retorno esperado.

Figura 5.2   Histórias de Avaliação – O Teste 3P

em seu negócio. O teste de «probabilidade» é o mais difícil, pois é preciso demonstrar que sua história de negócios pode ser repetida em escala mais ampla e que suas barreiras de entrada são eficazes.

Para empresas com longas histórias em um negócio e com antecedentes estabelecidos nessas condições, é fácil passar no teste 3P, assumindo que ela continuará no mesmo negócio. Partindo da premissa de que a Coca-Cola crescerá às mesmas taxas do mercado de refrigerantes ou que as receitas da Altria encolherão, enquanto o fumo de cigarros continua em queda, é improvável que ocorra algum retrocesso nessas tendências, mas a hipótese de a Coca-Cola tornar-se uma empresa de bebidas alcoólicas ou de a Altria expandir-se para o mercado de cânabis exigirá explicações convincentes e fundamentos mais fortes.

No caso da Zomato, o teste foi mais desafiador, uma vez que ela está desenvolvendo um modelo de entrega disruptivo em um mercado (restaurante de entrega indiano) que está em si evoluindo e crescendo. A versão da história da Zomato em torno da entrega de comida de restaurante facilita a sua sustentação, pois a empresa já alcançara o sucesso nesse negócio, pelo menos em termos de gerar crescimento da receita e de conquistar fatia de mercado significativa. Havia quem contasse histórias mais impressionantes sobre a Zomato, em 2021; para uns era um negócio de entrega de gêneros alimentícios, para outros era uma plataforma de varejo, abrangendo uma gama mais ampla de produtos e sugerindo que o negócio teria enfrentado testes mais difíceis (embora superáveis).

Passo 3: associando histórias a fatores

Para que uma história se torne parte de uma avaliação, é preciso converter suas partes em fatores de avaliação. O modelo de avaliação que envolve dezenas de fatores e gera resultados complexos torna-se difícil, senão impraticável. Entendemos que as avaliações devem ser parcimoniosas, com o mínimo de fatores, gerando apenas alguns resultados objetivos, porque assim promovem com muito mais facilidade conexões com as histórias. No Capítulo 3, apresentamos os fundamentos da avaliação e argumentamos que é possível associar o valor da empresa a alguns poucos fatores, os quais estão resumidos na Figura 5.3.

Desdobrando os inputs, os fluxos de caixa da empresa podem ser elaborados como função de três vetores-chave:

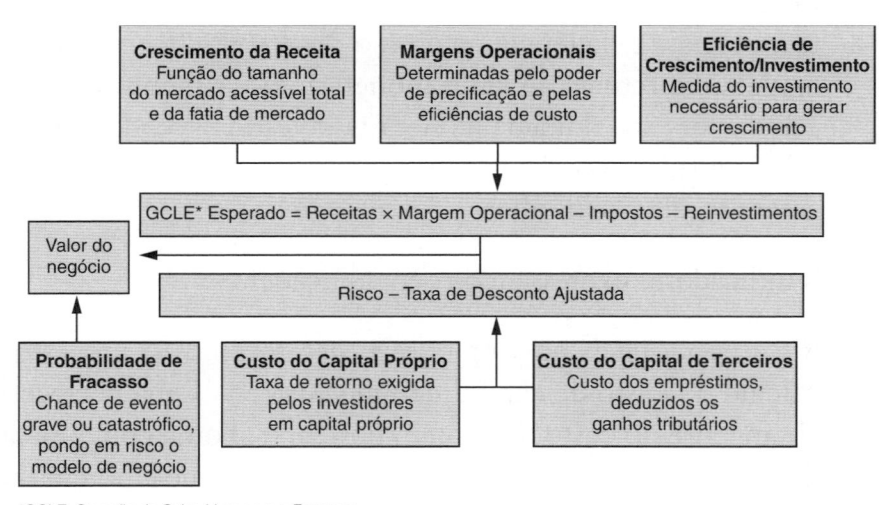

*GCLE: Geração de Caixa Livre para a Empresa

Figura 5.3   Os Vetores do Valor

- *Crescimento*: o componente de crescimento de uma história de negócios depende mais diretamente do *crescimento da receita*, o qual, por sua vez, decorre do aumento das unidades vendidas ou do preço por unidade de vendas (ou de ambos). Essa taxa de crescimento da receita será mais alta em mercados maiores, o que torna o mercado total de um produto ou serviço um vetor-chave, e mais baixo para empresas maiores nesse mercado, uma vez que a escala trabalhará contra essas empresas.

- *Lucratividade*: a lucratividade de uma história de negócios aparece na margem operacional que se estima para a empresa. Ao fazer essa estimativa, o ponto de partida deve ser a economia unitária, ou seja, quanto custa para uma empresa produzir mais uma unidade de vendas, sendo que o aumento da economia unitária a cada unidade adicional se traduz em aumento da margem operacional. Uma empresa de *software* bem dirigida gerará margens operacionais muito mais altas em condições normais do que uma empresa química ou automobilística bem dirigida.
- *Eficiência do investimento*: para aumentar a receita, as empresas devem reinvestir, e esses reinvestimentos podem ser em fábricas e equipamentos, no caso de empresas industriais, e em pesquisa e desenvolvimento (P&D) e aquisições, no caso de empresas de tecnologia. A eficiência na promoção do crescimento pode ser medida em termos de valor monetário do aumento da receita gerada por cada unidade monetária investida (vendas por capital investido), condição em que as empresas mais eficientes geram receitas mais altas.

Dois indicadores expressam o risco do negócio:

- *Risco operacional*: no Capítulo 3, descrevemos o processo de cálculo do custo de capital de uma empresa. Uma perspectiva abrangente do custo de capital, porém, o aborda como medida do risco operacional do negócio. Basta dizer que empresas com maior risco operacional tendem a ter custo de capital mais elevado, e, para definir o que constitui custo de capital alto ou baixo, pesquisamos a distribuição do custo de capital de empresas globais, por região, em janeiro de 2023, como mostra a Tabela 5.2.

    Para converter os diferentes custos de capital de dólar americano para outras moedas, basta considerar a diferença de inflação entre as duas moedas. Assim, se a inflação esperada for de 3% nos EUA e de 5% na Índia, a mediana do custo de capital em rúpias indianas de uma empresa indiana seria de

Tabela 5.2 Custos de Capital para Empresas dos EUA e Globais (em US$) em Julho de 2023

Decil/quartil	EUA	Mercados emergentes	Europa	Japão	Global
1º decil (risco mais baixo)	6,01%	8,08%	7,26%	7,71%	7,39%
1º quartil	7,26%	9,56%	8,64%	9,07%	9,08%
Mediana	9,63%	11,19%	10,41%	10,72%	10,60%
3º quartil	10,88%	12,97%	12,02%	11,50%	12,07%
9º decil (risco mais alto)	11,63%	15,31%	14,25%	13,10%	14,04%

13,19% (acrescentando 2% à mediana do custo de capital de uma empresa de mercado emergente: 11,19% + 2%).

- *Risco de fracasso*: o desconto dos fluxos de caixa livres gerados pela empresa pelo custo de capital resulta no valor dos ativos operacionais da empresa como entidade em operação contínua. No caso de empresas em início de atividade ou em dificuldade, é preciso avaliar o risco de fracasso e estimar o valor do negócio na hipótese de liquidação, em vez de tentar aumentar a taxa de desconto para assumir o risco.

Assim, para incluir a história do negócio no processo de avaliação, é preciso considerar quais desses fatores devem ser alterados para refletir esses antecedentes. Desse modo, se o principal ponto de venda da história do negócio for seu grande mercado potencial, o crescimento da receita é que melhor refletirá essa convicção. Se o argumento de vendas mais relevante for suas vantagens competitivas significativas (marca registrada, tecnologia, patentes), esse diferencial é que se refletirá no tamanho da fatia de mercado. A Figura 5.4 sumariza as ligações entre os principais componentes da história do negócio e os fatores de avaliação.

Aplicando esse modelo à Zomato, à época de sua IPO, em 2021, convertemos nossa história em fatores de avaliação, em que o mercado total era o mercado indiano de entrega de comida de restaurante. A Figura 5.5 mostra a ligação entre a história e os fatores da Zomato, em junho de 2021.

Observe que todas as partes da história atuam como fatores de avaliação e que a mudança da história da Zomato alterará esses fatores de avaliação e a estimativa do valor da empresa.

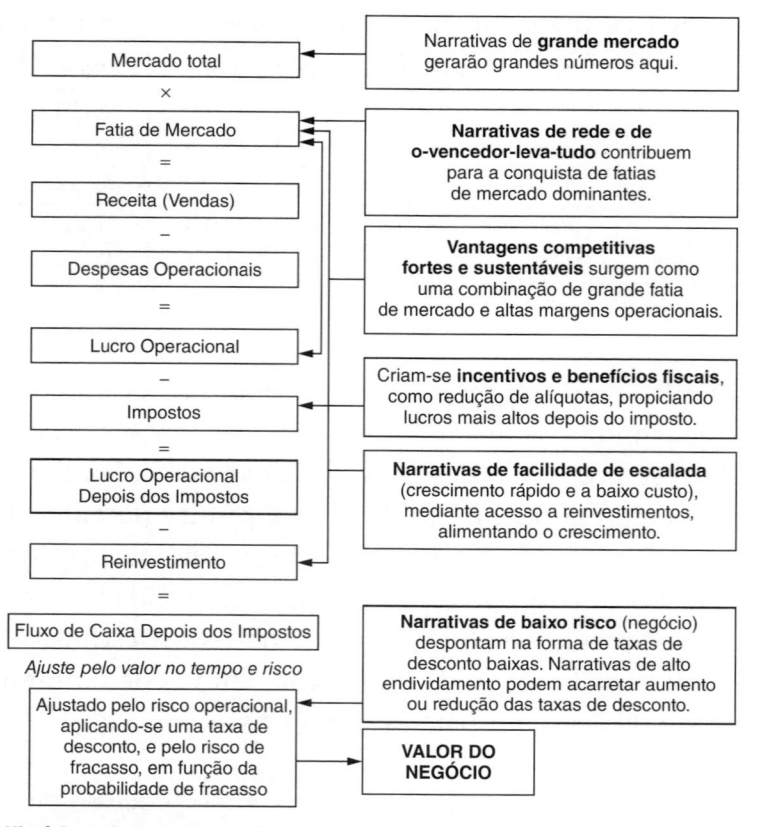

```
                                    ┌─────────────────────────────────┐
      ┌──────────────────┐◄─────────│ Narrativas de grande mercado    │
      │  Mercado total   │          │ gerarão grandes números aqui.   │
      └──────────────────┘          └─────────────────────────────────┘
              ×
      ┌──────────────────┐          ┌─────────────────────────────────┐
      │ Fatia de Mercado │◄─────────│ Narrativas de rede e de         │
      └──────────────────┘          │ o-vencedor-leva-tudo contribuem │
              =                     │ para a conquista de fatias      │
      ┌──────────────────┐          │ de mercado dominantes.          │
      │ Receita (Vendas) │          └─────────────────────────────────┘
      └──────────────────┘
              −                     ┌─────────────────────────────────┐
      ┌──────────────────┐          │ Vantagens competitivas          │
      │ Despesas         │          │ fortes e sustentáveis surgem como│
      │ Operacionais     │          │ uma combinação de grande fatia  │
      └──────────────────┘          │ de mercado e altas margens operacionais. │
              =                     └─────────────────────────────────┘
      ┌──────────────────┐
      │ Lucro Operacional│◄─────────┐
      └──────────────────┘          │
              −                     ┌─────────────────────────────────┐
      ┌──────────────────┐          │ Criam-se incentivos e benefícios fiscais, │
      │    Impostos      │◄─────────│ como redução de alíquotas, propiciando │
      └──────────────────┘          │ lucros mais altos depois do imposto. │
              =                     └─────────────────────────────────┘
      ┌──────────────────┐          ┌─────────────────────────────────┐
      │ Lucro Operacional│          │ Narrativas de facilidade de escalada │
      │ Depois dos Impostos│        │ (crescimento rápido e a baixo custo), │
      └──────────────────┘          │ mediante acesso a reinvestimentos, │
              −                     │ alimentando o crescimento.      │
      ┌──────────────────┐          └─────────────────────────────────┘
      │  Reinvestimento  │◄─────────┘
      └──────────────────┘
              =
      ┌──────────────────────────┐   ┌─────────────────────────────────┐
      │ Fluxo de Caixa Depois dos│   │ Narrativas de baixo risco (negócio)│
      │        Impostos          │   │ despontam na forma de taxas de  │
      └──────────────────────────┘   │ desconto baixas. Narrativas de alto│
       Ajuste pelo valor no tempo e risco │ endividamento podem acarretar aumento│
      ┌──────────────────────────┐   │ ou redução das taxas de desconto.│
      │ Ajustado pelo risco operacional,│◄─└─────────────────────────────────┘
      │ aplicando-se uma taxa de │
      │ desconto, e pelo risco de│       ┌──────────────┐
      │ fracasso, em função da   │──────►│  VALOR DO    │
      │ probabilidade de fracasso│       │   NEGÓCIO    │
      └──────────────────────────┘       └──────────────┘
```

Figura 5.4   Histórias e Fatores de Avaliação

Passo 4: De fatores para o valor

Depois de ter convertido sua história em fatores de avaliação, o processo de conversão desses fatores em previsões de números e valor é mecânico. Especificamente, parte-se do crescimento da receita para estimar as receitas esperadas nos anos futuros, e, então, aplicando-se as margens previstas a essas receitas, obtém-se as previsões de lucro operacional, como se vê na Tabela 5.3, referente à história da Zomato.

Em seguida, consideramos os efeitos de impostos e reinvestimentos. Observe que a empresa não paga impostos no ano 1, quando tem prejuízo, e usa a compensação dos prejuízos operacionais para absorver grande parte do lucro no ano 2, sobre o qual incidiria 25% de alíquota tributária. Os pressupostos sobre eficiência do investimento, em termos de índice de vendas sobre capital, permitem que se estimem os reinvestimentos e a geração de caixa livre, como se vê na Tabela 5.4.

HISTÓRIAS E NÚMEROS   [81]

Zomato: Vetores de valor como fatores de avaliação

A História de Crescimento para estimar um custo de capital de 10,25% em rúpias da Índia
O mercado indiano de entrega de comida crescerá de ₹225 bilhões para ₹2.000 bilhões ao longo da próxima década.

Zomato como Vencedor
Zomato manterá sua fatia de mercado significativa (40%) e sua fatia de receita (22%) desse mercado em crescimento.

Margens Intermediárias
Como intermediário, e com sólida economia unitária, Zomato deve ter altas margens operacionais (40%) em condições normais.

Reinvestimento em Tecnologia
O reinvestimento será na plataforma e em aquisições, com ₹2,5 de receita por ₹1 investido nos anos 1 a 5, aumentando para ₹3 de receita nos anos 6 a 10.

Crescimento da Receita
Função do tamanho do mercado total acessível e da fatia de mercado

Margens Operacionais
Determinadas pelo poder de precificação e pelas eficiências de custo

Crescimento/Eficiência do Investimento
Medida do aumento de investimento necessário para gerar crescimento

GCLE Esperado = Receitas × Margem Operacional − Impostos − Reinvestimentos

Taxa de Desconto Ajustada ao Risco

Custo do Capital Próprio
Taxa de retorno exigida pelos investidores em capital próprio

Custo do Capital de Terceiros
Custo dos empréstimos, deduzidos os ganhos tributários

A sorte da Zomato está associada ao negócio de entrega de restaurantes. Usamos o risco do negócio (beta), além de considerarmos o fato de que a empresa é financiada em grande parte por capital próprio (99,7%) e que quase toda a sua receita é oriunda da Índia e Emirados Árabes Unidos (EUA) (84,7% Índia; 10,4% EAU).

Valor do negócio

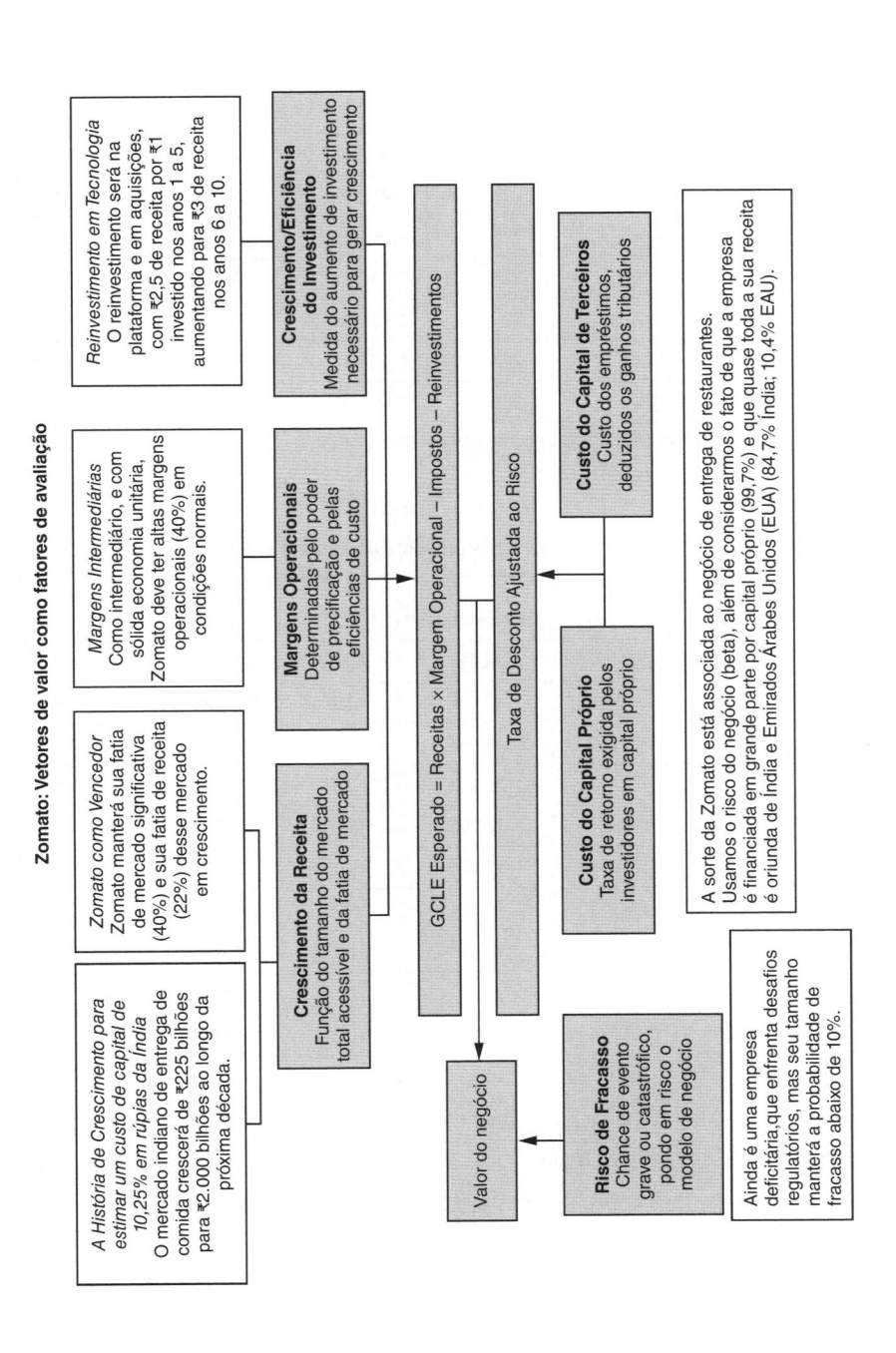

Risco de Fracasso
Chance de evento grave ou catastrófico, pondo em risco o modelo de negócio

Ainda é uma empresa deficitária, que enfrenta desafios regulatórios, mas seu tamanho manterá a probabilidade de fracasso abaixo de 10%.

Figura 5.5 Histórias e fatores de avaliação – Zomato em junho de 2021

Tabela 5.3 Expectativa de Lucros Operacionais da Zomato

	Mercado total	Fatia de mercado	Fatia da receita	Receitas	Margem operacional	LAJIR*
1	₹337.500	41,72%	22%	₹30.975	−10%	−₹3.097
2	₹438.750	41,29%	22%	₹39.853	−1,25%	−₹498
3	₹570.375	40,86%	22%	₹51.270	6,88%	₹3.527
4	₹741.488	40,43%	22%	₹65.951	12,50%	₹8.244
5	₹963.934	40%	22%	₹84.826	18,13%	₹15.379
6	₹1.203.471	40%	22%	₹105.905	20,23%	₹21.425
7	₹1.440.555	40%	22%	₹126.769	27,61%	₹35.001
8	₹1.650.156	40%	22%	₹145.214	35%	₹50.825
9	₹1.805.271	40%	22%	₹158.864	35%	₹55.602
10	₹1.881.995	40%	22%	₹165.616	35%	₹57.965

*LAJIR: lucro antes de juros e impostos (do inglês *earning before interest and taxes* [EBIT]).

Tabela 5.4 Geração de caixa para a empresa e valor presente da Zomato em 2021

Ano	LAJIR	Alíquota tributária	LAJIR × (1 − t)	Reinvestimento	GCLE	Custo de capital)	VP
1	−₹3.097	0%	₹3.097	₹4.415	₹7.512	10,25%	US$6.814
2	₹498	0%	₹498	₹3.551	₹3.053	10,25%	US$2.512
3	₹3.527	6,63%	₹3.293	₹4.567	₹1.273	10,25%	US$950
4	₹8.244	25%	₹6.183	₹5.872	₹311	10,25%	US$210
5	₹15.379	25,02%	₹11.531	₹6.292	₹5.239	10,25%	US$3.216
6	₹21.425	25,02%	₹16.065	₹7.026	₹9.039	10%	US$5.044
7	₹35.001	24,99%	₹26.253	₹6.954	₹19.299	9,74%	US$9.813
8	₹50.825	25%	₹38.119	₹6.148	₹31.970	9,48%	US$14.848
9	₹55.602	25%	₹41.702	₹4.550	₹37.152	9,23%	US$15.797
10	₹57.965	25%	₹43.474	₹2.251	₹41.224	8,97%	US$16.085

Para obter o valor por ação, descontamos a geração de caixa pelo custo de capital (10,25%, como ponto de partida, chegando a 8,97% no ano 10) que estimamos para a empresa.[1] Para completar a avaliação, estimamos o valor no fim do ano 10.

---

[1] N.R.T. Como o custo de capital muda com o tempo, para descontar a geração de caixa no ano 7, é preciso usar um custo de capital acumulado = $19,299/(1.1025)^7 (1.10)(1.0974) = \$9.813$ milhões.

Para tanto, assumimos uma taxa de crescimento em uma perpetuidade de 4,25%, em rúpias indianas, e retorno sobre o capital de 12%, depois do ano 10:

Valor final

$$= \frac{\text{Lucro operacional depois do imposto no ano 11} \times \left(1 - \dfrac{\text{taxa de crescimento}}{\text{ROC}^*}\right)}{(\text{custo de capital} - \text{taxa de crescimento})}$$

$$= \frac{43.474\ (1,0425) \times \left(1 - \dfrac{0,0425}{0,12}\right)}{0,0897 - 0,0425} = ₹620.133 \text{ milhões}$$

*ROC: retorno sobre o capital.

Descontando esse valor e adicionando-o ao valor presente das gerações de caixa chega-se a um valor para os ativos operacionais. Para calcular o valor por ação, subtraímos o endividamento, adicionamos o saldo de caixa (inclusive o resultado da IPO) e dividimos a soma pelo número de ações, depois da oferta pública.

Valor presente do valor final	₹241.972
+ Valor presente de GCLE nos próximos 10 anos	₹54.737
= Valor dos ativos operacionais	₹296.709
– Ajuste pelo fracasso	₹14.835
= Valor dos ativos operacionais ajustados pelo fracasso	₹281.873
– Dívida e participações minoritárias	₹1.592
+ Caixa (inclui aplicações de liquidez imediata)	₹135.960
= Valor do patrimônio líquido	₹416.245
– Valor das opções sobre ações	₹73.245
Número de ações	7.946,68
Valor por ação	₹43,16

Esse processo gera um valor por ação de aproximadamente ₹43, mas vale a pena fazer uma pausa e relembrar a cada estágio como nossa história está se desenvolvendo nos números.

Passo 5: Manter aberto o loop de feedback

Vamos assumir que você tem uma história para a sua empresa e que você se certificou de que sua história passa no teste 3P, converteu a história em fatores de avaliação e avaliou a empresa. Ao comemorar essa vitória, vale a pena se lembrar de que esse não é o valor da empresa, mas sim o valor que *você atribui à empresa*, refletindo a *sua* história e os *seus* fatores, e que você pode estar errado.

Por isso é que é tão importante manter o processo de avaliação em aberto para *feedback*, em especial às opiniões de quem discorda com mais ênfase das suas posições. Ao ler ou ouvir as críticas dos dissidentes, em vez de reagir na defensiva, você deve usar os argumentos deles para reforçar e consolidar a sua história.

Na avaliação da Zomato, muita gente discordou de nós, oferecendo histórias alternativas para as empresas e chegando a valores muito mais altos ou muito mais baixos. Quem se baseava em histórias que levavam a valores mais altos foram convalidados pelo mercado de ações, uma vez que as negociações com as ações da empresa abriram a ₹72, prosseguiram em alta nos meses seguintes, chegando a ₹150. Para ver como as histórias alternativas alteram as avaliações, estimamos o valor associado a cada história e classificamos as avaliações com base no teste 3P, na Tabela 5.5.

Você pode interpretar essa tabela no sentido de que qualquer resultado é válido quando se trata de avaliação, à luz de diferentes histórias, mas essa não é a nossa leitura. É verdade que as avaliações da Zomato podem sofrer grandes variações, em função da história em que se baseiam, mas essas disparidades não ocorrem apenas com as empresas novatas, mas nem todas as histórias são igualmente plausíveis. Especificamente, ao investir em uma empresa jovem, é importante basear-se em uma história verossímil e razoável e aceitar o fato de que outros investidores discordarão de sua avaliação. No caso de empresas mais maduras, é menor o espaço para divergências entre as histórias, e as avaliações tenderão a ser convergentes. Como o retorno dos investimentos em ações é maior quando se erra menos do que outros investidores em relação à mesma empresa, conclui-se que o retorno da avaliação mais fidedigna tende a ser mais alto no caso de empresas jovens, que suscitam mais controvérsias entre os avaliadores do que as empresas maduras.

Tabela 5.5 Zomato – Histórias Alternativas e Valor da Ação

História da Zomato	Mercado total (em milhões)	Fatia do mercado (%)	Fatia da receita (%)	Margem-alvo (%)	Custo de capital (%)	Valor/ compartilhar (₹)
Rolo compressor de entrega	₹5.000.000	40%	25%	45%	9,5%	₹150,02
Estrela de entrega	₹5.000.000	40%	22%	35%	9,5%	₹93
Líder de entrega + competição	₹5.000.000	40%	15%	25%	10,99%	₹61,55
Rolo compressor de entrega de restaurante + Índia com alto crescimento	₹3.000.000	40%	25%	45%	9,5%	₹94,31
Estrela de entrega de restaurante + Índia com alto crescimento	₹3.000.000	40%	22%	35%	9,5%	₹59,02
Entrega de restaurante + competição + Índia com alto crescimento	₹3.000.000	40%	20%	25%	10,99%	₹35,52
Nossa história, positiva	₹2.000.000	40%	25%	45%	10,25%	₹56,66
Nossa história	₹2.000.000	40%	22%	35%	10,25%	₹39,48
Nossa história, negativa	₹2.000.000	40%	20%	25%	10,25%	₹26,16
Rolo compressor de entrega de restaurante + Índia com baixo crescimento	₹1.125.000	40%	25%	45%	9,5%	₹36,48
Estrela de entrega de restaurante + Índia com baixo crescimento	₹1.125.000	40%	22%	35%	9,5%	₹24,02
Entrega de restaurante + competição + Índia com baixo crescimento	₹1.125.000	40%	20%	25%	10,99%	₹16,58

REDEFINIÇÕES, MUDANÇAS E QUEBRAS DE HISTÓRIAS

Uma das vantagens de construir a avaliação no contexto de histórias é confrontar perspectivas ao considerar novas histórias sobre a empresa ou ao estimar os efeitos das demonstrações financeiras. Em vez de focar na empolgação em torno da empresa, resultante da contratação de um novo CEO ou da divulgação do lucro nas últimas demonstrações financeiras, você pode concentrar a atenção no impacto do novo CEO sobre o futuro da empresa ou nas mudanças mais significativas em seus principais indicadores. Em termos amplos, as mudanças de histórias podem ser enquadradas em três grupos:

1. *Rupturas na história*: um evento que representa um ponto de inflexão no modelo de negócios em que se baseia sua história e pode provocar uma implosão na história e no valor do negócio. No caso de uma nova empresa farmacêutica, essa disrupção pode decorrer de reações fatais a um novo medicamento promissor ou, na hipótese de uma empresa dependente de aprovação regulatória, pode consistir em cancelamento da licença prévia ou da aprovação para operar. No exemplo da Zomato, uma nova regulamentação restringindo a entrega de comida de restaurante por meio de aplicativos pode ser fatal para o valor do negócio.
2. *Mudanças na história*: um evento que o leve a reavaliar a essência da sua história como muito ampla ou muito restrita deve induzi-lo a mudar sua história e rever o resultado da sua avaliação. Uma demonstração do resultado que reflita notícias sobre mudanças que possibilitem expansão das entregas além de comidas de restaurante, para incluir gêneros alimentícios, ampliaria em muito a história e turbinaria a avaliação, ao passo que um anúncio da Zwiggy (um concorrente) da possível redução de sua receita comprometerá o componente de rentabilidade da história da Zomato.
3. *Desvios na história*: a essência da história pode não se romper nem se desviar, mas você pode reavaliar os contornos da história em termos macroeconômicos ou de enredo narrativo.

O crescimento na história da Zomato deriva das premissas de que a economia indiana manterá o crescimento acelerado e que o negócio de restaurantes no país se expandirá ainda mais. As informações que o convençam a reavaliar essas premissas resultarão em alterações em sua história e em sua avaliação.

Apenas como advertência: é fácil para os investidores se apaixonar por suas narrativas de avaliação e ignorar ou contestar novas histórias que se oponham a essas histórias. Um dos mais duros desafios é manter o equilíbrio: ter confiança o suficiente na avaliação sem ser inflexível a ponto de não reconsiderá-la durante sinais de problemas.

HISTÓRIAS + NÚMEROS

Embora a avaliação, em última análise, se baseie em números que envolvem receitas, lucros e fluxos de caixa, as histórias contextualizam esses números. Para que uma avaliação seja confiável, é preciso que você não apenas elabore e conheça os detalhes e fundamentos de sua história, mas também que verifique a realidade dessa história para confirmar que ela passa no teste de razoabilidade. Sua avaliação é em grande parte função da história que você conta sobre a empresa e dos números que você considera para fundamentar sua história. A mensagem deste capítulo é que as boas avaliações exigem que você use os lados quantitativo e narrativo de seu cérebro e que você sempre questione o lado mais fraco.

Do Berço ao Túmulo — Ciclo de Vida e Avaliação

Capítulo Seis

Promessas Pródigas

Avaliação de Jovens Empresas

Em fins de 2012, o Facebook (META) tentou comprar uma jovem empresa *tech*, chamada Instagram, por US$ 1 bilhão. Na época, o Instagram existia havia apenas 2 anos, mal tinha receitas e reportava prejuízo operacional. A empresa, sem dúvida, tinha potencial de crescimento, mas havia enormes incertezas sobre seu modelo de negócio. Ao estimar a oferta, os analistas estavam confusos, sem saber como avaliar uma empresa quase sem história de operações e sem dados sobre preços de mercado.

Se todas as empresas começam com uma ideia, as jovens empresas passam por várias fases, desde o momento em que seu único ativo é uma proposta de produto ou serviço, quase sempre sem produtos nem receitas, evoluindo, em seguida, para empresas emergentes, que estão testando a atratividade de um produto, até chegarem a um terceiro estágio, em que já estão avançando para a lucratividade. A Figura 6.1 ilustra a diversidade de jovens empresas em crescimento acelerado.

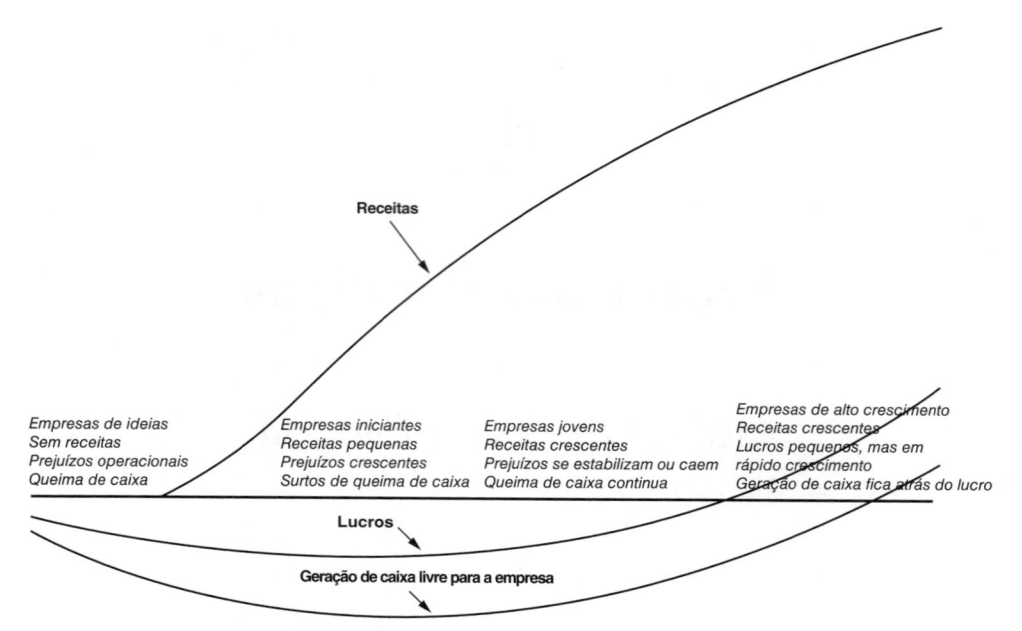

Figura 6.1 Primeiros Estágios do Ciclo de Vida de uma Empresa

Curva Receitas (crescente)
Curva Lucros
Curva Geração de caixa livre para a empresa

Empresas de ideias	Empresas iniciantes	Empresas jovens	Empresas de alto crescimento
Sem receitas	Receitas pequenas	Receitas crescentes	Receitas crescentes
Prejuízos operacionais	Prejuízos crescentes	Prejuízos se estabilizam ou caem	Lucros pequenos, mas em rápido crescimento
Queima de caixa	Surtos de queima de caixa	Queima de caixa continua	Geração de caixa fica atrás do lucro

A maioria das empresas em crescimento acelerado tende a ser de capital fechado, financiada ou inteiramente pelos próprios fundadores/proprietários ou por capitalistas de risco. Nas duas últimas décadas, contudo, as jovens empresas de alguns setores, como tecnologia e biotecnologia, foram capazes de pular etapas do processo e abrir o capital. Ao agirem assim, elas oferecem uma mistura de promessas e de perigos aos investidores que estão dispostos a enfrentar as incertezas associadas ao crescimento potencial. As jovens empresas compartilham alguns atributos comuns:

- *Falta de dados sobre desempenho histórico*: a maioria das jovens empresas oferece apenas um ou dois anos de dados disponíveis sobre operações e financiamentos; algumas oferecem informações financeiras apenas para parte do ano.
- *Receitas pequenas ou inexistentes, prejuízos operacionais*: muitas jovens empresas têm receitas pequenas ou inexistentes. As despesas em geral se destinam à constituição e à partida do negócio, não à geração de receita. Combinadas, essas duas tendências geram prejuízos operacionais significativos.

- *Muitas não sobrevivem*: os números publicados pelo Bureau of Labor Statistics, dos EUA, evidenciam que apenas 45% de todas as empresas que foram constituídas em 2006 sobreviveram por pelo menos 5 anos e somente 24% chegaram a 15 anos.
- *Os investimentos não têm liquidez*: o patrimônio líquido de empresas de capital fechado não tem liquidez, mesmo que sua precificação ou avaliação seja muito elevada. Mesmo as de capital aberto tendem a apresentar pequena capitalização de mercado e relativamente poucas ações negociadas (baixo float). Parcela significativa do patrimônio líquido geralmente é detida pelos fundadores, por capitalistas de risco e por outros investidores em *private equity* (empresas de capital fechado).
- *Variedade de direitos sobre o patrimônio líquido*: não é incomum que alguns investidores em capital próprio desfrutem de prioridade sobre a geração de caixa (dividendos) e outros detenham ações com mais direitos de voto ou proteções especiais, tornando desiguais os direitos sobre o patrimônio líquido.
- *Remuneração baseada em ações*: embora muitas empresas, durante todo o ciclo de vida, usem o patrimônio líquido na forma de ações ou de opções de uso restrito para remunerar empregados, as empresas jovens tendem a agir assim em demasia, geralmente porque carecem de caixa para pagar os empregados.

Embora cada uma dessas características individuais não acarrete problemas insuperáveis, a conjugação delas em uma única empresa cria a tempestade perfeita para a avaliação. Não admira que a maioria dos investidores e analistas desista.

QUESTÕES DE AVALIAÇÃO

Na avaliação intrínseca, a estimativa de cada um dos quatro elementos que determinam o valor – geração de caixa pelos ativos existentes, crescimento esperado dessas gerações de caixa, taxas de desconto e período de tempo até o amadurecimento das empresas – é ainda mais difícil, por se tratar de jovens empresas. Quase sempre, os ativos existentes geram pouco caixa ou caixa negativo; além disso, a estimativa das receitas futuras e das taxas de desconto se torna mais difícil, em consequência da escassez ou da falta de dados históricos. Essa dificuldade de estimativa torna-se ainda mais assustadora quando se considera a possibilidade de a empresa não sobreviver e estabilizar-se, com o agravante de serem muitos os direitos sobre o patrimônio líquido. Em consequência, a maioria dos investidores nem mesmo tenta avaliar jovens empresas pela abordagem intrínseca e recorre, em vez disso, a relatos convincentes para justificar as decisões sobre investimentos.

Alguns analistas tentam precificar jovens empresas por meio de múltiplos e negócios parecidos. Contudo, essa tarefa também é dificultada pelos seguintes fatores:

- *Para que você aumenta o preço?* As jovens empresas geralmente perdem dinheiro (tanto o lucro líquido quanto o EBITDA são negativos), têm pouco a mostrar em termos de valor contábil e geram receitas minúsculas. Aplicar a precificação de mercado a qualquer uma dessas variáveis é no mínimo tarefa inglória.
- *Quais são as empresas comparáveis?* Mesmo que a jovem empresa opere em setor em que haja muitas outras jovens empresas, as diferenças entre as empresas tendem a ser significativas. No caso de jovens empresas em setores maduros, a tarefa de encontrar comparações será ainda mais desafiadora.
- *Como controlar a sobrevivência?* Intuitivamente, espera-se que a precificação de uma jovem empresa (múltiplo de receita ou lucro que se adota como base) aumente com a probabilidade de sobrevivência. Contudo, a aplicação prática desse princípio intuitivo não é fácil.

Em resumo, não há solução fácil para o problema da avaliação ou precificação de jovens empresas.

SOLUÇÕES DE AVALIAÇÃO

Nesta seção, começamos com a construção das fundações para a estimativa do valor intrínseco de uma jovem empresa, para, em seguida, considerar a melhor maneira de adaptar a avaliação relativa às características especiais de jovens empresas. Concluímos com uma análise de como a abordagem aos investimentos em jovens empresas como opções pode oferecer *insights* importantes sobre avaliação.

Avaliação Intrínseca

Ao aplicar modelos de fluxo de caixa descontado à avaliação de jovens empresas, avançaremos sistematicamente pelo processo de estimativa, considerando em cada fase como melhor lidar com as características de jovens empresas. Para ilustrar o processo, vamos avaliar a Airbnb (ABNB), uma empresa que revolucionou o setor de hospedagem e hotelaria, na época de seu IPO, em novembro de 2020. A empresa existia há pouco mais de uma década, mas mostrou alto potencial de crescimento, com as receitas aumentando mais de cinco vezes, de US$ 919 milhões, em 2015, para US$ 4,8 bilhões, em 2019. No entanto, o modelo de negócios da empresa ainda estava em transformação, pois relatou perdas operacionais de US$ 501 milhões, em 2019. Somando-se à incerteza nessa avaliação estava o fechamento da economia global pela covid, com o setor de hospedagem entre os mais afetados. Como resultado, nos 12 meses anteriores que precederam essa avaliação, as receitas do Airbnb caíram para US$ 3,6 bilhões e suas perdas dispararam para US$ 818 milhões.

Estimativa da Futura Geração de Caixa Três são os números básicos para a previsão da geração de caixa no futuro. O primeiro é o crescimento da receita, que pode ser obtido pela extrapolação do passado recente ou pela estimativa do mercado total para o produto ou serviço em questão e pela previsão da fatia de mercado da empresa. O mercado potencial de uma empresa será menor se o produto ou serviço oferecido pela empresa for definido de maneira estreita, e se expandirá se adotarmos definição mais ampla. Definir a Airbnb como empresa de aluguel de apartamentos redundará em mercado menor do que se a incluirmos no negócio de hospedagem. O passo seguinte é estimar a fatia de mercado a ser conquistada pela empresa analisada, tanto a longo prazo quanto nos períodos de formação. É nesse estágio que se consideram a qualidade dos produtos, a gestão da jovem empresa e os recursos a serem explorados para realizar seus objetivos.

A gestão da Airbnb demonstrou competência e criatividade, e os benefícios de *networking* de ser a maior rede de aluguéis lhe permitirão não só continuar ampliando sua participação no mercado de hospedagem, mas também lhe conferirão vantagem competitiva sobre concorrentes que tentam emulá-la. Estimamos que as reservas brutas no mercado de hospedagem crescerão 40%, em 2021, na medida em que se se atenuarem as consequências econômicas do confinamento durante a covid, e que a taxa de crescimento anual será de 25% nos próximos 4 anos; e diminuirá para 2%, até o ano 10. As receitas da Airbnb advirão da parcela dessas reservas brutas que ela vier a absorver, e esperamos que essa porcentagem aumente de 12,65%, nos próximos 12 meses, para 14%, na próxima década devido ao poder de mercado e das economias de escala da empresa. A Tabela 6.1 resume as reservas brutas e as projeções de receita do Airbnb.

> **VETOR DE VALOR Nº 1:**
> **CRESCIMENTO DA RECEITA**
>
> Pequenas receitas devem se converter em grandes receitas para que um negócio jovem se torne valioso. Quão rápido a sua empresa pode crescer?

Em última instância, uma empresa terá valor apenas se produzir lucro. Portanto, o próximo passo é estimar as despesas operacionais associadas à geração das receitas projetadas. Para tanto, dividiremos o processo de estimativa em duas partes. Na primeira parte, focaremos a estimativa da margem operacional a ser alcançada, quando a empresa se tornar madura, basicamente observando empresas mais tradicionais no mesmo setor de atividade. Ao fazer essas estimativas, toda a remuneração em ações deve ser considerada despesas, apesar de não ser explicitamente em dinheiro; pagamentos em capital são mais semelhantes a pagamentos em espécie e, portanto, são despesas. Esse tratamento contábil se justifica ainda mais pelo fato de os contadores terem, enfim, chegado a essa conclusão, e tanto os princípios contábeis geralmente aceitos (GAAP, do inglês *generally accepted accounting principles*) quanto as normas internacionais de contabilidade (IFRS, do inglês *international financial reporting standards*) tratarem as opções e as concessões de ações restritas como despesas.

Tabela 6.1 Receitas Esperadas da Airbnb (em milhões)

	Taxa de crescimento	Reservas brutas	Fatia da Airbnb (%)	Receitas
Últimos 12 meses		*US$ 26.492*		*US$ 3.626*
1	40%	US$ 37.089	12,65%	US$ 4.692
2	25%	US$ 46.361	12,92%	US$ 5.990
3	25%	US$ 57.951	13,06%	US$ 7.565
4	25%	US$ 72.439	13,19%	US$ 9.555
5	25%	US$ 90.548	13,33%	US$ 12.066
6	20,40%	US$ 109.020	13,46%	US$ 14.674
7	15,80%	US$ 126.245	13,60%	US$ 17.163
8	11,20%	US$ 140.385	13,73%	US$ 19.275
9	6,60%	US$ 149.650	13,87%	US$ 20.749
10	2%	US$ 152.643	14%	US$ 21.370
Ano final	2%	US$ 155.696	14%	US$ 21.797

Presumimos que a margem operacional antes dos impostos, da Airbnb, atualmente um abismal −22,56%, irá melhorar para 25%, um pouco abaixo das margens apresentadas pela Booking.com, o único concorrente de escala e modelo de negócios semelhantes.

Na segunda parte, devemos analisar como a margem evoluirá ao longo do tempo. Essa "trajetória para a lucratividade" pode ser mais acidentada para algumas empresas e menos para outras, com os custos fixos e a intensidade da competição desempenhando papéis relevantes na estimativa. O resultado da previsão de receitas e a expectativa de margens operacionais possibilita a projeção do lucro operacional antes das despesas financeiras. Para estimar os impostos incidentes, deve considerar-se a possibilidade de compensar o prejuízo dos anos anteriores com o lucro dos anos vindouros. O prejuízo operacional líquido de US$167,6 milhões que a Airbnb havia acumulado no passado e os prejuízos que a empresa ainda deve gerar nos próximos 2 anos evitarão a tributação dos lucros até o quinto ano.

VETOR DE VALOR Nº 2:
MARGENS-ALVO

Pode-se perder dinheiro hoje, mas, é preciso ganhar dinheiro no futuro. Quando sua empresa estiver madura, qual será sua provável margem operacional?

O crescimento exige reinvestimento. Nas empresas manufatureiras, será necessário investir em capacidade de produção. Nas empresas de alta tecnologia, também será preciso investir não só em P&D e em novas patentes, mas também em capital humano (contratação de pesquisadores e de programadores de software). Para a Airbnb, o reinvestimento assumirá a forma de aquisições de empresas menores, principalmente para seus nichos de mercado ou de tecnologia, e de investimentos na plataforma. Com base no histórico de reinvestimento da Airbnb e de reinvestimento em concorrentes (Expedia e Booking), estimamos que cada US$ 2 em receita adicional exigirá US$ 1 em capital investido.

Na Tabela 6.2, estimamos as receitas, os lucros e as gerações de caixa para o Airbnb. As gerações de caixa esperadas são negativas nos 6 anos seguintes, e os atuais investidores em capital próprio verão sua participação reduzida (quando entrarem novos investidores em capital próprio) ou serão convocados a fazer novos investimentos para manter a continuidade da empresa.

VETOR DE VALOR Nº 3:
EFICIÊNCIA NO PROCESSO DE CRESCIMENTO (REINVESTIMENTO)

O valor do crescimento vem da eficiência com que é gerado. Qual deverá ser o reinvestimento de sua empresa para gerar o crescimento almejado?

À medida que as margens melhoram, os prejuízos da empresa se tornam lucros. No início, a empresa não paga impostos, porque está perdendo dinheiro, e nos dois primeiros anos em que a empresa gera caixa (anos 3 e 4), as perdas operacionais transportadas de anos anteriores protegem a empresa dos impostos. A geração de caixa livre se mantém negativa por mais tempo, em grande parte por força das necessidades de reinvestimento, mas, à medida que o crescimento diminui, os fluxos de caixa se tornam positivos.

Estimativa das Taxas de Desconto   Enfrentamos dois problemas ao estimar as taxas de desconto para jovens empresas. O primeiro é que a disponibilidade de dados históricos sobre o mercado é muito curta e

PROMESSAS PRÓDIGAS [99]

Tabela 6.2 Lucro e Geração de Caixa Esperados (em milhões) da Airbnb

	Receitas	Margem operacional	LAJIR	Alíquota tributária	LAJIR × (1 − t)	Reinvestimento	GCLE
Últimos 12 meses	*US$ 3.626*	*−22,56%*	*−US$ 818*	*0%*	*−US$ 818*		
1	US$ 4.692	−10%	−US$ 469	0%	−US$ 469	US$ 532,98	US$ (1.002)
2	US$ 5.990	−3%	−US$ 180	0%	−US$ 180	US$ 649,05	US$ (829)
3	US$ 7.565	0,50%	US$ 38	0%	US$ 38	US$ 787,84	US$ (750)
4	US$ 9.555	4%	US$ 382	0%	US$ 382	US$ 994,58	US$ (612)
5	US$ 12.066	7,50%	US$ 905	14,05%	US$ 778	US$ 1.255,45	US$ (478)
6	US$ 14.674	9,52%	US$ 1.397	25%	US$ 1.048	US$ 1.304,27	US$ (256)
7	US$ 17.163	13,39%	US$ 2.298	25%	US$ 1.724	US$ 1.244,47	US$ 479
8	US$ 19.275	17,26%	US$ 3.327	25%	US$ 2.495	US$ 1.055,89	US$ 1.439
9	US$ 20.749	21,13%	US$ 4.384	25%	US$ 3.288	US$ 737,08	US$ 2.551
10	US$ 21.370	25%	US$ 5.343	25%	US$ 4.007	US$ 310,52	US$ 3.696
Ano final	US$ 21.797	25%	US$ 5.449	25%	US$ 4.087	US$ 817,40	US$ 3.270

volátil para possibilitar previsões confiáveis do beta ou do custo do capital de terceiros. O segundo é que o custo do capital total tende a mudar à medida que a jovem empresa amadurece. Para superar a falta de antecedentes, sugerimos a adoção de uma abordagem que considere o negócio da empresa, em vez da empresa em si, e fizesse ajustes referentes às principais diferenças. Na verdade, seguimos as médias do setor ou mesmo as estatísticas de todo o mercado para definir as taxas de desconto, ajustadas para o risco mais alto de empresas mais jovens. Assim, nos primeiros anos, os custos do capital próprio e do capital total serão muito mais altos para as jovens empresas que para as suas concorrentes mais maduras no mesmo setor de atividade. Para considerar as mudanças ao longo do tempo, movimente o custo do capital total para mais perto das médias setoriais, à medida que a jovem empresa cresce e amadurece. Para o Airbnb, o atual custo de capital de 8,5% reflete seu risco mais alto, considerando sua situação como empresa deficitária, ainda em busca de um modelo de negócio. À medida que a empresa amadurece, espera-se que o custo de capital caia para 7,12%, à proporção que o risco da Airbnb se movimenta rumo à média do mercado.

VETOR DE VALOR Nº 4:
RISCO DAS OPERAÇÕES

Quanto maior for o risco operacional da empresa, menor será seu valor. Que nível de risco operacional será atribuído à sua empresa?

Estimativa de Valor Hoje e Ajuste para a Sobrevivência   Depois de estimar e descontar as gerações de caixa para o período de previsão, será preciso determinar o que acontecerá no fim do período de previsão, ajustar o valor para a possibilidade de fracasso e examinar o impacto da perda de pessoal-chave pela empresa.

Valor Terminal   O *valor terminal* pode ser 80%, 90% ou até mais de 100% do valor de uma jovem empresa. A hipótese de mais de 100% ocorrerá quando os fluxos de caixa forem muito negativos nos primeiros anos, exigindo novas injeções de capital. Os princípios básicos que regem o valor terminal não mudam: a taxa de crescimento adotada deve ser inferior à taxa de crescimento da economia, o custo de capital deve convergir para o de uma empresa madura, e os reinvestimentos devem ser suficientes para sustentar o crescimento estável. Presume-se que o Airbnb se transforme em empresa madura, depois do ano 10, crescendo a 2% ao ano, com o custo do capital total de 7,12%, compatível com a situação de empresa madura, e reinvestindo 20% dos lucros, para sustentar o crescimento (com base no retorno sobre o capital total de 10% para sempre).

$$\text{Valor final} = \frac{\text{LAJIR}(1-t)(1-\text{taxa de reinvestimento}_{\text{crescimento estável}})}{\text{custo de capital}_{\text{crescimento estável}} - \text{taxa de crescimento estável}}$$

$$= \frac{US\$\ 4.087(1-0,20)}{0,0712-0,02} = US\$\ 63.860 \text{ milhões.}$$

Descontando-se as gerações de caixa esperadas ao longo dos próximos 10 anos e o valor terminal pelo custo do capital total, chega-se ao valor de US$ 29.567 milhões para os ativos operacionais hoje, conforme Tabela 6.3.

Tabela 6.3   Geração de Caixa Livre (em milhões) e Valor da Airbnb

Ano	Custo de capital	Custo de capital acumulado	GCLE	Valor final	Valor presente
1	8,50%	1,0850	−US$ 1.002		−US$ 924
2	8,50%	$1,085^2 = 1,1772$	−US$ 829		−US$ 704
3	8,50%	$1,085^3 = 1,2773$	−US$ 750		−US$ 587
4	8,50%	$1,085^4 = 1,3859$	−US$ 612		−US$ 442
5	8,50%	$1,085^5 = 1,5037$	−US$ 478		−US$ 318
6	8,22%	$1,085^5(1,0822) = 1,6273$	−US$ 647		−US$ 397
7	7,95%	$1,085^5(1,0822)(1,0795) = 1,7567$	US$ 137		US$ 78
8	7,67%	$1,085^5(1,0822)(1,0795)(1,0767) = 1,8914$	US$ 1.183		US$ 626
9	7,40%	$1,085^5(1,0822)(1,0795)(1,0767)(1,074) = 2,0313$	US$ 2.413		US$ 1.188
10	7,12%	$1,085^5(1,0822)(1,0795)(1,0767)(1,074)(1,0712) = 2,1759$	US$ 3.696	US$ 63.860	US$ 31.047
Valor dos ativos operacionais =					US$ 29.567

Como o custo de capital muda ao longo do tempo, o desconto deve refletir um custo de capital composto.

Ajuste para a Sobrevivência Para lidar com o risco de falência em uma jovem empresa, deve-se adotar uma abordagem de duas fases. Na primeira fase, avalia-se a empresa com base na premissa de que ela sobreviva e alcance a saúde financeira. Com efeito, essa é a premissa assumida quando usamos um valor terminal e descontamos as gerações de caixa a valor presente, a uma taxa de desconto ajustada ao risco. Na segunda fase, admitimos a hipótese de a empresa não sobreviver. A maneira mais simples de estimar a probabilidade de fracasso é recorrer às médias setoriais. No começo do capítulo, referimo-nos a um estudo que usou dados do Bureau of Labor Statistics para estimar a probabilidade de sobrevivência de empresas em diferentes setores, de 2006 a 2021. Embora não seja fácil traduzir os números dessa tabela em estatísticas de fracasso para empresas específicas, calcularemos em 10% o risco de fracasso da Airbnb, baixo, mas não desprezível, e que seu valor será reduzido pela metade, caso isso ocorra. Essa proporção será afetada pelas especificidades da empresa que está sendo avaliada: qualidade da gestão, acesso a capital e geração de caixa. O valor da empresa pode ser considerado o valor esperado em dois cenários: o valor intrínseco (dos fluxos de caixa descontados) em condições de continuidade operacional e o valor em condições de dificuldade operacional, estimado na metade do valor justo, sob o cenário de fracasso.

Valor da Airbnb, ajustado pelo fracasso:

$$= (\text{Valor dos ativos operacionais}) \times (1 - \text{Taxa de fracasso}) + (\text{Valor de liquidação}) \times (\text{Taxa de fracasso})$$
$$= US\$\ 29{,}567(0{,}9) + \left[US\$\ 29{,}567(0{,}5)\right](0{,}1) = US\$\ 28{,}088\ \text{milhões}.$$

Valor por Ação A passagem do valor por ação dos ativos operacionais para o valor por ação do patrimônio líquido começa somando-se de volta os números referentes a "caixa e a equivalentes de caixa" mantidos pela empresa; se a empresa estiver lançando uma oferta pública de ações ou promovendo nova rodada de levantamento de capital próprio, essa injeção de caixa deve ser incluída. Embora as empresas jovens tendam a não ter muitas dívidas, deve-se liquidar qualquer uma em aberto e, como etapa final, deduzir do patrimônio líquido da empresa o valor de quaisquer opções pendentes que ela tenha concedido aos funcionários. Para obter o valor patrimonial por ação, divide-se o patrimônio líquido pelo número de ações em circulação, incluindo quaisquer ações restritas. Adicionando-se o saldo de caixa da Airbnb (US$ 4.495 milhões) e os recursos oriundos da oferta inicial (US$ 3 milhões) e, em seguida, subtraindo-se a dívida (US$ 2.192 milhões) aumenta-se o patrimônio líquido em US$ 33.391 milhões. Finalmente, para obter o valor por ação, liquidamos o valor estimado das opções pendentes concedidas aos administradores (US$ 1.737 milhões) e dividimos o valor remanescente pelo número de ações em circulação (671,06 milhões de ações).

$$\text{Valor por ação} = \frac{(28.088 + 4.495 + 3.000 - 2.192 - US\$\ 1.737)}{671,06} = US\$\ 47,17$$

> **VETOR DE VALOR Nº 5:**
> **HABILIDADES DE SOBREVIVÊNCIA**
>
> Para se tornarem valiosas, as empresas jovens precisam sobreviver. Que fatores podem contribuir para o fracasso de sua empresa?

Observe que, embora se espere que a Airbnb emita novas ações nos primeiros 6 anos para cobrir os fluxos de caixa livres negativos, não consideramos essas emissões. O valor presente desses fluxos de caixa negativos reduz o valor do patrimônio líquido hoje e, portanto, já incorpora o efeito da diluição.

Desconto pela Perda de Pessoas-chave Empresas jovens, especialmente nos setores de serviços, geralmente dependem do proprietário ou de umas poucas pessoas-chave para alcançar o sucesso. Em consequência, o valor estimado para essas empresas pode mudar significativamente se uma ou mais dessas pessoas-chave não mais estiverem trabalhando na empresa. Para estimar o desconto pelo risco de perda de pessoal-chave, primeiro avalie a empresa na situação vigente (com as pessoas-chave continuando na empresa) e, em seguida, avalie-a de novo, considerando os efeitos da perda desses indivíduos sobre as receitas, os lucros e as gerações de caixa esperadas. Na medida em que os lucros e as gerações de caixa sofrerem impacto negativo com a saída desses indivíduos, o valor da empresa será mais baixo, levando a um "desconto pela perda de pessoal-chave". Com a Airbnb, o valor deriva mais da plataforma e dos usuários dessa plataforma; portanto, não há necessidade de um desconto para pessoas-chave.

Avaliação Relativa/Precificação

A avaliação relativa é mais difícil no caso de empresas jovens que têm pouco a mostrar em termos de operações e que enfrentam riscos substanciais nas operações, além de ameaças à própria existência, pelas seguintes razões:

- *O ciclo de vida afeta os fundamentos*: na medida em que estamos comparando uma empresa jovem com uma empresa madura no setor de atividade, é provável que haja diferenças significativas entre as empresas no risco, nas gerações de caixa e nas taxas de crescimento.
- *Sobrevivência*: um ponto correlato é a alta probabilidade de fracasso de jovens empresas. Portanto, as empresas maduras, com probabilidade de fracasso mais baixa, devem ser negociadas a valores de mercado mais altos, no caso de igualdade de variáveis como receita, lucro ou valor contábil, mantendo-se tudo o mais (crescimento e risco) constante.
- *Variáveis a serem multiplicadas*: as empresas jovens geralmente apresentam receitas muito baixas no ano em curso, e muitas até perdem dinheiro. Nessas condições, o valor contábil em geral é irrelevante. A aplicação de múltiplos a qualquer uma dessas medidas resultará em números absurdos.
- *Liquidez*: uma vez que as ações de empresas de capital aberto, negociadas em bolsas de valores, geralmente têm mais liquidez que as de jovens empresas em crescimento acelerado, o valor obtido pelo uso desses múltiplos talvez seja alto demais quando aplicado a jovens empresas.

Algumas práticas simples podem não apenas evitar erros crassos de precificação, mas também levar a melhores preços:

- *Use métricas prospectivas*: como as jovens empresas geralmente apresentam receitas pequenas e lucros negativos, uma solução é prever os resultados operacionais da empresa mais adiante no ciclo de vida e usar essas receitas e lucros prospectivos como base para a avaliação. Com efeito, estimaremos o valor da empresa em 5 anos, usando receitas ou lucros projetados para esse ponto no tempo.
- *Ajuste o múltiplo às características da empresa no período prospectivo*: veja um exemplo simples. Suponha uma empresa cuja expectativa de crescimento da receita seja de 50% nos próximos 5 anos e de 10% em seguida. O múltiplo a ser aplicado às receitas ou aos lucros nos próximos 5 anos deve refletir a taxa de crescimento esperada de 10% (não de 50%).
- *Ajuste pelo valor no tempo e pelo risco de sobrevivência*: quando se usam múltiplos prospectivos para estimar o valor, precisamos fazer ajustes pelo valor do dinheiro no tempo e pela probabilidade de que a empresa não sobreviva para chegar ao valor prospectivo.

Aplicando esses princípios à precificação da Airbnb, procuramos dois tipos de empresas comparáveis, cadeias de hotéis e agências de reservas on-line, e duas métricas de escala, receitas e reservas brutas, na Figura 6.2.

Observe que a precificação que atribuímos à Airbnb é maior quando usamos agências de reservas como nosso grupo de pares, em vez de cadeias de hotéis, e usamos receitas futuras (descontando o valor retroativo e fazendo ajustes para fracasso), em vez de receitas atuais. Essas variações não são problemáticas, pois são parte integrante do processo de precificação, embora os analistas que usam precificação geralmente escolham as mais compatíveis com suas inclinações e compromissos. Não importa quais desses critérios se adotem, é preciso adicionar de volta o saldo de caixa (US$ 4.495 milhões), emitir receitas (US$ 3 milhões) e subtrair a dívida (US$ 2.192 milhões) para obter o valor do patrimônio líquido.

Grupos de pares

Maiores cadeias de hotéis sediadas nos EUA

	Capitalização de mercado	Valor do empreendimento	Receitas	LAJIR	Lucro líquido	PE	Valor da empresa (VE)/venda	VE/LAJIR
Marriott	US$ 41.620	US$ 52.150	US$ 20.972	US$ 1.938	US$ 1.273	32,69	2,49	26,91
Hilton	US$ 28.960	US$ 37.530	US$ 9.452	US$ 1.576	US$ 881	32,87	3,97	23,81
Intercontinental	US$ 11.642	US$ 13.430	US$ 4.627	US$ 764	US$ 385	30,24	2,90	17,58
Hyatt	US$ 7.439	US$ 9.010	US$ 5.020	US$ 197	US$ 766	9,71	1,79	45,74
Choice Hotels	US$ 5.682	US$ 6.600	US$ 1.114	US$ 334	US$ 222	25,59	5,92	19,76
Wyndham	US$ 5.402	US$ 7.500	US$ 2.053	US$ 442	US$ 157	34,41	3,65	16,97
Agregado	**US$ 100.745**	**US$ 126.220**	**US$ 43.238**	**US$ 5.251**	**US$ 3.684**	**27,35**	**2,92**	**24,04**

Maiores agências de viagens sediadas nos EUA

	Capitalização de mercado	Valor do empreendimento	Faturamento bruto	Receitas	LAJIR	Lucro líquido	PE	VE/Faturamento bruto	VE/venda	VE/LAJIR
Booking.com	US$ 84.067	US$ 85.530	US$ 96.400	US$ 15.066	US$ 5.345	US$ 4.865	17,28	0,89	5,68	16,00
Expedia	US$ 17.503	US$ 22.480	US$ 107.870	US$ 12.067	US$ 961	US$ 565	30,98	0,21	1,86	23,39
Agregado	**US$ 101.570**	**US$ 108.010**	**US$ 204.270**	**US$ 12.133**	**US$ 6.306**	**US$ 5.430**	**18,71**	**0,53**	**3,98**	**17,13**

Precificação da Airbnb em Novembro de 2019

Usando hotéis como pares, escalando para receitas

	Receitas	VE estimado/venda	VE estimado	Valor da Airbnb hoje
Ano em curso	US$ 3.625	2,92	US$ 10.585	US$ 10.585
Ano 5	US$ 12.066	2,92	US$ 35.233	US$ 21.088

Usando empresas de reservas como pares, escalando para receitas

	Receitas	VE estimado/venda	VE estimado	Valor da Airbnb hoje
Ano em curso	US$ 3.625	3,98	US$ 14.428	US$ 14.428
Ano 5	US$ 12.066	3,98	US$ 48.023	US$ 28.744

Usando empresas de reservas como pares, escalando para reservas brutas

	Reserva	VE estimado/reserva	VE estimado	Valor da Airbnb hoje
Ano em curso	US$ 26.491	0,53	US$ 14.040	US$ 14.040
Ano 5	US$ 90.548	0,53	US$ 47.990	US$ 28.724

Figura 6.2 Precificação da Airbnb em Novembro de 2020

> Os valores futuros do ano 5 são descontados 5 anos para trás, a 8,5%, e ajustados para fracasso. Por exemplo, usando hotéis:
> Valor hoje = (35.233/1,085^5) × 0,9 = US$ 21.088

SERÁ QUE ESTAMOS ESQUECENDO DE ALGO?

Tanto na avaliação por fluxo de caixa descontado quanto na avaliação relativa, partimos de nossas expectativas sobre o sucesso em termos de receitas e lucros. Às vezes, o sucesso em determinado setor ou mercado pode ser o caminho das pedras para o sucesso em outros setores ou mercados.

- O sucesso em um produto existente às vezes oferece oportunidades para que a empresa lance novo produto. O sucesso do iPod constituiu os fundamentos para o lançamento do iPhone e do iPad pela Apple.
- As empresas bem-sucedidas com um produto em determinado mercado podem ser capazes de expandir-se para outros mercados com sucesso semelhante. O exemplo mais óbvio é a expansão para mercados externos com base no sucesso no mercado interno, caminho adotado por empresas como Coca-Cola, McDonald's e muitas varejistas. Exemplos mais sutis são produtos direcionados para outros mercados que, por feliz acaso, encontram novos mercados: um medicamento para úlcera que reduz o colesterol seria um bom exemplo.

Por que não incluir as expectativas sobre novos produtos e novos mercados em nossas previsões de geração de caixa e de valor? Podemos tentar, mas há dois problemas. Primeiro, nossas previsões sobre esses produtos e mercados potenciais serão muito nebulosas na época de nossa primeira avaliação, e, em consequência, as previsões de geração de caixa refletirão essa incerteza. A Apple não teria sido capaz de visualizar o mercado potencial para o iPhone na época em que estava lançando o iPod. Segundo, as informações coletadas e as lições aprendidas durante o lançamento do produto inicial e ao longo de seu desenvolvimento subsequente é que permitem às empresas explorar ao máximo as oportunidades sobrevindas. Esse aprendizado e esse comportamento adaptativo é que dão origem ao valor suplementar que se adiciona ao valor intrínseco estimado.

No caso da Airbnb, o argumento para justificar o aumento do valor da empresa pode basear-se não só no tamanho da plataforma, em termos de quantidade de usuários, mas também no fato de que a Airbnb aprendeu sobre os gostos de viagem e sobre hospedagem de seus clientes, aprendizagem que lhe seria muito importante na criação de novos produtos e serviços no futuro. A questão é se esses dados são suficientemente exclusivos da Airbnb para proporcionar uma vantagem significativa à empresa.

Jogos de Valor

Muitas são as razões pelas quais as empresas em crescimento acelerado podem fracassar: o crescimento da receita pode ser mais lento, as margens efetivas podem ser inferiores às esperadas, os mercados de capitais podem trancar-se, ou pessoas-chave podem ir embora. Os investidores dispõem de condições de melhorar suas chances de sucesso, concentrando-se no seguinte:

- *Grande mercado potencial*: o mercado potencial para os produtos e serviços deve ser grande o suficiente para absorver alto crescimento da receita durante um período prolongado, sem se saturar.
- *Acompanhamento e controle das despesas*: as jovens empresas podem se tornar indisciplinadas no acompanhamento e controle das despesas, enquanto buscam oportunidades de crescimento. Estabeleça metas para a melhoria das margens e interprete a incapacidade de alcançar essas metas como motivos para vender.
- *Acesso a capital*: o acesso a fontes de capital é de importância crítica para o crescimento e para o sucesso. Procure empresas com maiores saldos de caixa e maiores bases de investidores institucionais, porque são mais bem posicionadas para levantar capital.
- *Dependência em relação a pessoas-chave*: as jovens empresas não raro dependem de pessoas-chave ou dos fundadores. Concentre-se em empresas que constituíram um forte banco de reservas para substituir as atuais pessoas-chave.
- *Exclusividade*: o sucesso atrai competição, geralmente por parte de empresas maiores, com mais dinheiro. Dê preferência a empresas jovens com produtos difíceis de imitar, não importa que essa exclusividade seja oriunda de patentes, tecnologias ou marcas. Como bônus, a exclusividade também cria condições para que o sucesso se autoalimente, facilitando a entrada em novos mercados e o lançamento de novos produtos.

continua

> Em síntese, é preferível investir em jovens empresas com produtos menos imitáveis, com enormes mercados potenciais, que estejam empenhadas em manter as despesas sob controle e que tenham acesso a fontes de capital. Nem sempre é fácil encontrá-las, mas, quando se acerta no alvo, é um achado de alto risco e de alto retorno.

Capítulo Sete

Dores do Crescimento

~

Avaliação de Empresas em Crescimento Acelerado

Em 2001, a Google (GOOG) era uma jovem empresa emergente, com poucos milhões de receita e prejuízo operacional. Nos 10 anos seguintes, a empresa experimentou crescimento explosivo e, em 2009, reportou lucro operacional de US$ 6,5 bilhões, com receita de US$ 23,7 bilhões e valor de mercado superior a US$ 200 bilhões. A Google ainda era uma empresa em crescimento acelerado, mas muito maior. Em 2022, o lucro operacional da Google chegou a US$ 74,8 bilhões, partindo de receitas de US$ 283 bilhões, mas o crescimento diminuiu. Em 2023, as duas grandes questões referentes ao processo de avaliação eram se a empresa conseguiria sustentar o crescimento no futuro e, como seu perfil de risco mudara, se continuaria se transformando no futuro.

Assim, o que é uma empresa em crescimento acelerado? Na prática, muitas são as definições de empresa em crescimento acelerado, mas todas tendem a ser subjetivas e falhas. Alguns analistas, por exemplo, adotam a classificação de empresa em crescimento acelerado e empresa madura com base nos respectivos setores de atividade. Assim, as empresas de alta tecnologia nos EUA são tratadas como empresas em crescimento acelerado, enquanto as empresas siderúrgicas são consideradas empresas maduras. Essa definição, sem dúvida, não reflete as vastas diferenças em potencial de crescimento entre empresas de qualquer setor. Outros consideram empresas em crescimento acelerado aquelas que são negociadas a altos P/Ls, deixando por conta do mercado a distinção. Eis outra definição: empresas em crescimento são aquelas cujo valor decorre mais dos investimentos que esperam fazer no futuro e menos dos investimentos já feitos. Embora essa proposta talvez soe como uma paráfrase da categorização de crescimento já descrita, em que empresas com altas taxas de crescimento são tratadas como empresas em crescimento acelerado, há uma diferença importante. O valor dos ativos de crescimento é função não só da intensidade, mas também da qualidade do investimento previsto, medido em termos de retorno excedente: retornos sobre o capital investido nesses ativos, em relação ao custo do capital total.

As empresas em crescimento acelerado são muito diferentes quanto ao tamanho e quanto às perspectivas de crescimento, mas têm em comum algumas características:

- *Indicadores financeiros dinâmicos*: os números referentes ao lucro e ao valor contábil do ano mais recente não só podem ser muito diferentes daqueles do ano anterior, mas também podem mudar drasticamente, mesmo em períodos de tempo mais curtos.
- *Mercado – Desconexão contábil*: o valor de mercado das empresas em crescimento acelerado, se forem de capital aberto, em geral é muito mais alto que os valores contábeis, uma vez que os mercados, ao contrário dos contadores, já incorporam o valor dos ativos de crescimento. Além disso, os valores de mercado podem parecer discrepantes em relação aos números operacionais da empresa – receita e lucro. Muitas empresas em crescimento acelerado têm valores de mercado na casa dos bilhões, embora reportem pequenas receitas e lucro negativo.
- *Uso de dívidas ou capital de terceiros*: as empresas em crescimento acelerado, em qualquer setor de atividade, tenderão ter menos dívidas, em relação ao valor (intrínseco ou de mercado), que as empresas mais estáveis no mesmo setor de atividade, simplesmente porque os ativos existentes não geram caixa suficiente para que contraiam mais dívidas.

- *Os antecedentes de mercado são breves e instáveis*: mesmo que as empresas em crescimento acelerado sejam empresas de capital aberto, seus dados sobre preços da ação geralmente remontam a passado recente, e mesmo esses dados são instáveis.

A intensidade com que esses fatores afetam as empresas em crescimento acelerado varia conforme as características de cada caso, mas eles predominam em quase todas elas. Embora empresas em crescimento possam surgir em qualquer negócio, é verdade que muitas das empresas em crescimento mais acelerado das últimas décadas atuavam no setor de tecnologia e serviços. Embora sejam diversificadas, elas compartilham uma característica comum: extraem valor de ativos intangíveis. Do ponto de vista da avaliação, essa característica não é relevante, já que o valor é oriundo dos fluxos de caixa esperados, não importando se os ativos são tangíveis ou intangíveis. O problema, porém, é que a contabilização de ativos intangíveis não é compatível com o tratamento dispensado aos ativos físicos. Os primeiros princípios de contabilidade sugerem uma regra simples para distinguir as despesas de capital das operacionais. Qualquer despesa que crie benefícios ao longo de muitos anos é uma despesa de capital, enquanto as que geram benefícios apenas no ano em curso são despesas operacionais. Os contadores seguem essa distinção nas empresas industriais, contabilizando os investimentos em instalações, equipamentos e edifícios na coluna de despesas de capital e as despesas de mão de obra e matéria-prima na coluna de operacionais. No entanto, os contadores parecem ignorar esses primeiros princípios quando se trata de empresas com ativos intangíveis. As despesas de capital mais significativas feitas por empresas de tecnologia e farmacêuticas são em P&D; por empresas de produtos de consumo, em publicidade da marca; e por empresas de consultoria, em treinamento e recrutamento de pessoal. Recorrendo ao argumento de que os benefícios são muito incertos, os contadores passaram a tratar essas despesas como operacionais. Consequentemente, empresas com ativos intangíveis relatam pequenas despesas de capital em relação ao seu tamanho e seu potencial de crescimento.

QUESTÕES DE AVALIAÇÃO

As características comuns das empresas em crescimento acelerado – indicadores financeiros dinâmicos, uma combinação de capital próprio público e privado, desconexão entre valor de mercado e dados operacionais, dependência do financiamento com capital próprio e antecedentes de mercado breves e voláteis – têm consequências tanto para a avaliação intrínseca quanto para a avaliação relativa.

Se o valor intrínseco de uma empresa deriva de sua geração de caixa e de suas características de risco, a avaliação de empresas em crescimento acelerado envolve alguns problemas que podem ser atribuídos ao ponto em que elas se encontram no ciclo de vida. O maior desafio com que nos defrontamos na avaliação de empresas em crescimento acelerado decorre da mudança de escala. Mesmo na mais bem-sucedida empresa em crescimento acelerado, é de se esperar que o crescimento futuro seja mais lento que o crescimento passado, por duas razões: uma é que a empresa que cresceu à taxa de 80% nos últimos 5 anos está agora muito maior (por um fator de 18) que há 5 anos, sendo improvável que mantenha a mesma taxa de crescimento. A outra é que o crescimento atrai a concorrência, o que, por seu turno, restringe o crescimento. Questões sobre a rapidez com que as taxas de crescimento se desacelerarão com o passar do tempo e como o risco e outras características da empresa mudarão à medida que o crescimento se torna mais lento são aspectos centrais da avaliação das empresas em crescimento acelerado.

Os problemas que dificultam a avaliação do fluxo de caixa descontado também surgem, o que não chega a surpreender, quando tentamos precificar essas empresas.

- *Empresas comparáveis*: mesmo que todas as empresas de um setor sejam empresas em crescimento acelerado, elas podem variar muito entre si, em termos de características de risco e de crescimento, o que dificulta a generalização com base em médias setoriais.
- *Valores do ano-base e escolha de múltiplos*: se uma empresa se inclui na categoria de crescimento acelerado, os valores correntes sobre os quais aplicar os múltiplos, como lucro, valor

contábil ou receita, talvez forneçam pistas limitadas ou não confiáveis sobre seu potencial.
- *Controle das diferenças de crescimento*: não só o nível de crescimento faz diferença na avaliação, mas também o fazem a extensão do período de crescimento acelerado e os retornos excedentes que acompanham a taxa de crescimento acelerado. Em outros termos, duas empresas com a mesma taxa de crescimento esperado dos lucros podem ser negociadas a múltiplos desses lucros por ação muito diferentes.
- *Controle das diferenças de risco*: é difícil determinar como a opção excludente entre crescimento e risco afeta o valor em qualquer avaliação, mas se torna duas vezes mais difícil na avaliação relativa, em que muitas empresas se caracterizam tanto pelo alto crescimento quanto pelo alto risco.

Os analistas que usam múltiplos para avaliar empresas em crescimento acelerado podem ter falsa sensação de segurança em relação às suas avaliações, uma vez que suas premissas em geral são implícitas, não explícitas. A realidade, contudo, é que as avaliações relativas produzem valores tão sujeitos a erros quanto as avaliações por fluxo de caixa descontado.

SOLUÇÕES DE AVALIAÇÃO

Embora as empresas em crescimento acelerado suscitem problemas de estimativa espinhosos, é possível superar essas dificuldades e chegar a valores para essas empresas menos tendentes a serem contaminados por inconsistências internas.

Avaliação Intrínseca

Os modelos de fluxo de caixa descontado usados para avaliar empresas em crescimento acelerado precisam levar em conta mudanças no crescimento e nas margens ao longo do tempo. Modelos rígidos que bloqueiam as características atuais de uma empresa não funcionam tão bem quanto modelos mais flexíveis, em que, na avaliação de negócios em crescimento, os analistas podem alterar os dados de entradas.

Para ilustrar o processo, avaliaremos a Google, com seu mecanismo de busca, que se tornou um rolo compressor de publicidade, auferindo na última década receitas crescentes e lucros descomunais. Entre 2012 e 2022, a empresa aumentou as receitas de US$ 46 bilhões para US$ 289,5 bilhões, alcançando taxa de crescimento anual composta de 20,2%. Durante o período, a Google mudou seu nome para Alphabet, com a intenção de enviar uma mensagem aos mercados sobre os outros negócios (apostas), em que atuava, embora essas incursões tenham contribuído pouco para a receita e para o lucro líquido da companhia.

Limpeza de Inconsistências Contábeis Despesas com pesquisa, apesar da incerteza sobre os benefícios futuros, devem ser capitalizadas, e ilustraremos os efeitos desse procedimento na Google. Para capitalizar e avaliar ativos de pesquisa, é preciso presumir em quanto tempo as atividades de P&D, na média, se converterão em lançamento ou aprimoramento de produtos e serviços comerciais. Esse processo é denominado *vida amortizável* dos ativos. Sua duração é muito variável e dependerá do ciclo de vida dos produtos e serviços a que se destina o esforço de P&D. Embora a vida amortizável possa chegar a uma década para empresas farmacêuticas, o retorno dos investimentos em P&D será mais rápido no caso de empresas como a Google, em que presumiremos 3 anos.

Depois de se estimar a vida amortizável das despesas de pesquisa e desenvolvimento, o passo seguinte é coletar dados sobre despesas de P&D nos anos anteriores, retroagindo à vida amortizável do ativo pesquisado. No caso da Google, esse cálculo gerará os números da Tabela 7.1.

Para simplificar, pode-se presumir que a amortização é uniforme ao longo do tempo e, no caso do ativo de pesquisa com vida útil de 3 anos, assume-se que se amortiza um terço da despesa a cada ano para

Tabela 7.1 Amortização de P&D em US$ milhões: Google em 2023

Ano	Despesas com P&D	Parcela não amortizada		Amortização este ano
Ano mais recente	US$ 42.596	1,00	US$ 42.596	
Ano −1	US$ 39.500	0,67	US$ 26.333	US$ 13.167
Ano −2	US$ 31.562	0,33	US$ 10.521	US$ 10.521
Ano −3	US$ 27.573	0,00	US$ 0	US$ 9.191
			US$ 79.450	US$ 32.878

obter a despesa de amortização acumulada para o ano corrente, de US$ 32.878 milhões. Acumulando a parcela não amortizada, chega--se ao capital investido no ativo pesquisado, de US$ 79.450 milhões. Assim, o valor dos ativos da empresa aumentam, e, por extensão, o valor contábil (VC) do patrimônio líquido. No caso da Google:

VC ajustado do patrimônio líquido = VC do patrimônio líquido + capital investido em P&D = US$ 256.144 milhões + US$ 79.450 milhões = US$ 335.594 milhões.

Capital investido ajustado = VC do capital investido + capital investido em P&D = US$ 236.533 milhões + US$ 79.450 milhões = US$ 315.983 milhões.

O lucro contábil informado é ajustado para refletir a capitalização das despesas de P&D. Primeiro, as despesas de P&D subtraídas para se obter o lucro operacional são adicionadas de volta ao lucro operacional, refletindo sua reclassificação como despesas de capital. Em seguida, a amortização do ativo pesquisado é tratado da mesma maneira que a depreciação, e é subtraída para se obter o lucro operacional ajustado e o lucro líquido ajustado. *Usando a Google para ilustrar esse processo*:

Lucro operacional ajustado
= lucro líquida + despesas de P&D - amortização de P&D
= lucro operacional + despesas de P&D – amortização de P&D
= US$ 74.842 milhões + US$ 42.596 milhões – US$ 32.878 milhões
= US$ 84.560 milhões.

Lucro líquido ajustado

= US$ 59.972 milhões + US$ 42.596 milhões – US$ 32.878 milhões
= US$ 69.690 milhões.

O lucro operacional e o lucro líquido ajustados geralmente aumentam no caso de empresas cujas despesas de P&D crescem ao longo do tempo.

Os valores contábeis do patrimônio líquido e do capital são aumentados pelo capital investido no ativo pesquisado. No caso da Google, usando esses valores contábeis aumentados, com o lucro ajustado, obtém-se estimativas muito diferentes para os indicadores de lucratividade, como mostrado na Tabela 7.2.

Enquanto os retornos contábeis para a Google continuam impressionantes, mesmo depois do ajuste, eles diminuem em relação aos números não ajustados, mas as margens da empresa melhoram.

Tabela 7.2 Efeitos da Capitalização de Despesas de Pesquisa: Alphabet

	Não ajustado	Ajustado por R&D
Margem líquida	$\dfrac{59.972}{282.836} = 21,20\%$	$\dfrac{69.690}{282.836} = 24,64\%$
Margem operacional	$\dfrac{74.842}{282.836} = 26,46\%$	$\dfrac{84.560}{282.836} = 29,90\%$
Retorno sobre o patrimônio líquido	$\dfrac{59.972}{256.144} = 23,41\%$	$\dfrac{69.690}{335.594} = 20,77\%$
Retorno sobre o capital antes do imposto	$\dfrac{74.842}{236.533} = 31,64\%$	$\dfrac{84.560}{315.983} = 26,76\%$

As pesquisas de P&D são o exemplo mais relevante de despesas de capital sendo tratadas como despesas operacionais, mas há outras despesas operacionais que, indiscutivelmente, devem ser tratadas como despesas de capital. Empresas de produtos de consumo, como Procter & Gamble (*PG*) e Coca-Cola (*KO*) poderiam argumentar que parte das despesas de publicidade deveriam ser tratadas como despesas de capital, pois se destinam a aumentar o valor da marca registrada. No caso de empresas de consultoria, como KPMG ou McKinsey, o custo de recrutar e treinar empregados poderia ser considerado despesa de capital, uma vez que os consultores selecionados e desenvolvidos por esse processo tendem a tornar-se os recursos mais importantes da empresa e a gerar benefícios para a empresa ao longo de muitos anos. No caso de empresas que prestam serviços a usuários, como Uber e Netflix, o custo de adquirir novos usuários e subscritores deveriam ser considerados despesas de capital.

Avaliação dos Ativos Operacionais O processo de avaliação começa com a estimativa das receitas futuras. A principal questão é o fator de escalada ou ampliação. A questão da rapidez com que declinarão as taxas de crescimento da receita em determinada empresa, à medida que ela fica maior, geralmente pode ser abordada observando-se as características específicas da empresa – tamanho do mercado total para seus produtos e serviços, força da competição e a qualidade dos produtos e serviços, bem como da administração. As empresas com maiores mercados potenciais, com concorrentes menos agressivos e com melhor administração podem manter taxas de crescimento da receita mais altas por períodos mais longos. A Alphabet teve um surto impressionante de alto crescimento, mas o negócio de publicidade on-line amadureceu, e a grande fatia de mercado da Alphabet implica que o crescimento futuro será muito menor. Vamos supor uma taxa de crescimento de um dígito, embora no patamar de 8%, nos próximos 5 anos, antes de o crescimento da receita se estabilizar nos anos seguintes, com o negócio de armazenamento na nuvem contribuindo para uma parte desse impulso. Está implícito que o pressuposto de que as outras apostas da Alphabet continuarão a claudicar, entregando pouca substância tanto para o topo quanto para a base da demonstração do resultado.

VETOR DE VALOR Nº 1
CRESCIMENTO GRADUAL

Quanto mais rápido for o crescimento, maior ficará a empresa. Quanto maior se tornar a empresa, mais difícil será continuar crescendo. Até que ponto sua empresa será capaz de preservar o crescimento, graduando-o ou ajustando-o ao tamanho?

Para passar da receita para o lucro operacional, precisamos de margens operacionais ao longo do tempo, e as margens operacionais no futuro serão diferentes das margens operacionais atuais. Em algumas empresas em crescimento acelerado, as margens operacionais vigentes serão negativas ou muito baixas, mormente porque os custos fixos antecipados, referentes à infraestrutura, bem como as despesas de vendas iniciais, voltadas para a conquista de novos clientes (e de crescimento futuro), são lançados como despesas correntes do ano. À medida que a empresa cresce, as margens devem melhorar. No sentido oposto, algumas empresas em crescimento acelerado desfrutam de margens muito altas por terem produtos de nicho, em mercados pequenos demais para atrair a atenção de concorrentes maiores e mais bem capitalizados. À medida que a empresa cresce, isso pode mudar, e as margens talvez diminuam à medida que surgem concorrentes.

Em ambos os cenários – margens baixas convergindo para valores mais altos ou margens altas que recuam para níveis mais sustentáveis – precisamos estimar qual deve ser a margem-alvo e de que maneira a margem vigente mudará ao longo do tempo rumo a esse alvo. Em geral, se encontra a resposta para a primeira questão quando se observam as margens operacionais médias de empresas maiores e mais estáveis do setor de atividade. A resposta para a segunda questão dependerá dos motivos da divergência entre a margem vigente e a margem-alvo. No caso de empresas de infraestrutura, por exemplo, essa discrepância refletirá a demora para a operacionalização do crescimento e para o pleno aproveitamento da capacidade.

Nesta frente, a Alphabet está bem posicionada em seu negócio principal, no qual desfruta de fortes benefícios de rede, ou seja, os anunciantes on-line continuarão a migrar para as plataformas com mais usuários, e acreditamos que as margens operacionais permanecerão estáveis e talvez até aumentem, à medida que a empresa controla os custos, sobretudo nos negócios (apostas) mais lentos na produção de resultados. Assumiremos que a margem operacional atual de 30% aumentará ligeiramente com o tempo, para atingir 32% no ano 5, mormente à medida que a empresa reduz custos.

VETOR DE VALOR Nº 2
MARGENS SUSTENTÁVEIS

O sucesso atrai a competição, e a competição pode prejudicar as margens. Até que ponto a empresa desfruta de vantagem competitiva?

Mantendo o tema de que as empresas precisam investir para crescer, seguiremos um de três caminhos para estimar o reinvestimento. A primeira abordagem, a mais geral, consiste em estimar o reinvestimento com base na variação da receita e no índice de vendas sobre capital, estimativa para a qual se recorre a dados históricos ou a médias setoriais. Assim, assumindo índice de vendas sobre capital de 2,5 e aumento de US$ 250 milhões na receita, chega-se a reinvestimento de US$ 100 milhões. Para empresas em crescimento acelerado, com antecedentes mais firmes de lucro e reinvestimento, podemos estimar a taxa de crescimento como produto da taxa de reinvestimento e do retorno sobre o capital gerado por esses investimentos. Finalmente, as empresas em crescimento acelerado que já investiram em capacidade para os anos futuros estão na posição inusitada de poderem crescer com pouco ou nenhum reinvestimento a curto prazo. Nesse caso, podemos prever o uso da capacidade para determinar o quanto durarão as férias do reinvestimento e quando a empresa terá de reinvestir de novo. Para a Alphabet, adotamos a primeira abordagem, e usamos o índice vendas sobre capital, de 3,09, que reflete a baixa intensidade de capital do negócio, para estimar o reinvestimento anual. As gerações de caixa livres para a empresa são resumidas na Tabela 7.3.

Para obter o reinvestimento no ano 1, partimos da mudança nas receitas do ano 1 para o 2 (US$ 329.900 milhões − US$ 305.363 milhões = US$ 24.437 milhões) e a dividimos pelo índice vendas/capital de 3,09, chegando a um reinvestimento de US$ 7.908 milhões.

> **VETOR DE VALOR Nº 3:**
> **CRESCIMENTO DE QUALIDADE**
>
> O crescimento só tem valor se for acompanhado de retornos excedentes. Será que a empresa conseguirá gerar retornos bem mais altos que o custo de capital?

Perfil de Risco Compatível com o Crescimento e com os Números Operacionais Embora os componentes do custo do capital total sejam os mesmos para as empresas em crescimento e para as empresas maduras, o que distingue as empresas em crescimento acelerado é a probabilidade de mudança de seu perfil de risco. Como regra geral:

- As empresas em crescimento acelerado têm maiores custos de capital próprio e de capital de terceiros quando o crescimento da receita é mais alto; porém, o custo de ambas as fontes de capital tende a declinar à medida que o crescimento da receita diminui e as margens melhoram.
- À medida que o lucro aumenta e o crescimento cai, a empresa gerará mais caixa que o necessário, excesso que será usado não só para o pagamento de dividendos, mas também para o serviço da dívida. Embora as empresas não precisem explorar a capacidade de endividamento, as vantagens tributárias do capital de terceiros em comparação com o capital próprio induzem os índices de endividamento a subir ao longo do tempo.

Tabela 7.3   Gerações de Caixa Livre para a Empresa Estimadas para a Alphabet

Ano	Taxa de crescimento	Receitas	Margem operacional	LAJIR	Alíquota tributária	LAJIR x (1–t)	Reinvestimento	GCLE
Ano anterior		US$ 282.836	29,90%	US$ 84.560				
1	8,00%	US$ 305.463	30,00%	US$ 91.639	15,92%	US$ 77.049	US$ 7.908	US$ 69.141
2	8,00%	US$ 329.900	30,80%	US$ 101.609	15,92%	US$ 85.432	US$ 8.541	US$ 76.891
3	8,00%	US$ 356.292	31,20%	US$ 111.163	15,92%	US$ 93.465	US$ 9.224	US$ 84.241
4	8,00%	US$ 384.795	31,60%	US$ 121.595	15,92%	US$ 102.236	US$ 9.962	US$ 92.274
5	8,00%	US$ 415.579	32,00%	US$ 132.985	15,92%	US$ 111.813	US$ 9.683	US$ 102.130
6	7,20%	US$ 445.501	32,00%	US$ 142.560	17,74%	US$ 117.275	US$ 9.227	US$ 108.048
7	6,40%	US$ 474.013	32,00%	US$ 151.684	19,55%	US$ 122.026	US$ 8.591	US$ 113.436
8	5,60%	US$ 500.557	32,00%	US$ 160.178	21,37%	US$ 125.951	US$ 7.776	US$ 118.175
9	4,80%	US$ 524.584	32,00%	US$ 167.867	23,18%	US$ 128.948	US$ 6.791	US$ 122.158
10	4,00%	US$ 545.567	32,00%	US$ 174.582	25,00%	US$ 130.936	US$ 7.062	US$ 123.874
Final	4,00%	US$ 567.390	32,00%	US$ 181.565	25,00%	US$ 136.174	US$ 36.313	US$ 99.861

Para estimar os parâmetros de risco (betas), evite tanto quanto possível usar os poucos dados disponíveis sobre os preços das empresas em crescimento acelerado. O erro de estimativa tende a ser enorme, e as características da empresa mudarão com mais rapidez. Em vez disso, use estimativas de betas, que se obtêm ao observar outras empresas de capital aberto com características semelhantes de risco, crescimento e geração de caixa. No caso da Alphabet, o beta de 1,16 na fase de alto crescimento reflete os negócios (publicidade on-line e nuvem) em que ela aufere suas receitas, e o prêmio de risco de capital próprio de 6,31% reflete as partes do mundo de onde ela extrai essas receitas. Com sua classificação de risco de crédito Aa2, o custo do capital de terceiros da Alphabet é baixo (4,8%), embora a dívida represente menos de 1% de seu capital.

$$\text{Custo do patrimônio líquido para a Alphabet} = 4\% + 1,16(6,31\%) = 11,33\%.$$
$$\text{Custo do capital de terceiros depois dos impostos para a Alphabet} = (4\% + 0,8\%)(1-0,25)$$
$$= 3,60\%.$$
$$\text{Custo de capital para a Alphabet} = 11,33\%(0,992) + 3,60\%(0,008)$$
$$= 11,27\%.$$

Com o tempo, esperamos que o custo de capital da Alphabet se reduza e se aproxime de 9%, custo médio de capital de todas as empresas.

VETOR DE VALOR Nº 4:
RISCO DAS OPERAÇÕES

O valor de uma empresa é função do risco de seus fluxos de caixa. Quão arriscada é a sua empresa e o que você espera que aconteça com seu custo de capital?

Estabilização: Quando e o quê? Nossas suposições sobre valor terminal se avultam no caso de empresas em crescimento acelerado, uma vez que ele constituirá parcela muito maior do valor corrente da empresa que no caso de empresas maduras. A estimativa de quando uma empresa em crescimento acelerado se transformará em empresa estável é difícil, mas tenha em mente as seguintes observações gerais:

- Não espere muito tempo para enquadrar a empresa nas condições de crescimento normal. Tanto a escala quanto a competição conspiram para reduzir em pouco tempo as taxas de crescimento, mesmo nas empresas em crescimento acelerado mais promissoras. No caso da Alphabet, a premissa de crescimento acelerado no período de 10 anos reflete otimismo sobre as perspectivas de crescimento e sobre as vantagens competitivas da empresa. Depois de 10 anos, presume-se que a taxa de crescimento caia para 8%.

- Ao enquadrar a empresa na condição de crescimento normal, atribua-lhe as características de empresa em crescimento normal: no que se refere às taxas de desconto, conforme observamos na última seção, essa condição assumirá a forma de custos de capital próprio e de capital de terceiros mais baixos e índice de endividamento mais alto. Com o reinvestimento, a principal premissa será o retorno sobre o capital que assumimos na fase de crescimento normal.

$$\text{Reinvestimento em crescimento estável} = \frac{\text{Taxa de crescimento estável}}{\text{Retorno do capital em período estável}}$$

Embora alguns analistas acreditem que o retorno sobre o capital total deve ser igual ao custo do capital total na fase de crescimento normal, preservaríamos alguma flexibilidade, em função das características da empresa, e sugeriríamos que a diferença entre retorno sobre o capital total e custo do capital total deve se estreitar durante a fase de crescimento normal para um nível sustentável. Supõe-se que benefícios de *networking* no negócio de publicidade da Alphabet sejam uma vantagem duradoura para a empresa, resultando em retorno sobre o capital investido de 15% após o ano 10, em perpetuidade. A taxa de reinvestimento e o valor terminal daí resultantes são reportados a seguir:

$$\text{Taxa de reinvestimento} = \frac{4{,}00\%}{15{,}00\%} = 26{,}67\%.$$

$$\text{Valor final} = \frac{\text{LJIR}(1-t) \text{ no ano final} \left(1 - \text{Taxa de reinvestimento}_{\text{Estável}}\right)}{\left(\text{Custo de capital} - \text{Taxa de crescimento estável}\right)}$$

$$= \frac{136.174\,(1-0{,}2667)}{(0{,}09 - 0{,}04)} = \text{US\$ } 1.997.213 \text{ milhões.}$$

Descontando-se as gerações de caixa nos próximos 10 anos (da Tabela 6.1), pelos diferentes custos de capital, ao longo do tempo, e adicionando-se o valor presente do valor terminal, obtém-se o valor dos ativos operacionais da Alphabet, de US$ 1,293 trilhões, conforme Tabela 7.4.

Tabela 7.4 Valor dos Ativos Operacionais da Alphabet

Ano	Custo de capital	Custo de capital acumulado	GCLE (em milhão)	Valor final (em milhão)	Valor presente (em milhão)
1	11,27%	1,1127	US$ 69.141		US$ 62.138
2	11,27%	1,2381	US$ 76.891		US$ 62.104
3	11,27%	1,3776	US$ 84.241		US$ 61.149
4	11,27%	1,5329	US$ 92.274		US$ 60.196
5	11,27%	1,7057	US$ 102.130		US$ 59.877
6	10,72%	1,8885	US$ 108.048		US$ 57.213
7	10,36%	2,0841	US$ 113.436		US$ 54.428
8	9,91%	2,2907	US$ 118.175		US$ 51.589
9	9,45%	2,5072	US$ 122.158		US$ 48.724
10	9,00%	2,7328	US$ 123.874	US$ 1.997.213	US$ 776.159
					US$ 1.293.577

Do Valor do Ativo Operacional ao Valor do Patrimônio Líquido por Ação Como no caso de jovens empresas em crescimento, para passar do valor do ativo operacional para o valor do patrimônio líquido por ação, adicione o saldo de caixa da empresa, subtraia as dívidas em aberto e as opções sobre ações da administração antes de dividir o resultado pelo número de ações em circulação. Para a Alphabet, que tem saldo de caixa de US$ 113.762 milhões, ativos não operacionais de US$ 30.492 milhões e dívidas de US$ 14.701 milhões, o valor do patrimônio líquido é de US$ 1.422.130 milhões. Como no caso de empresas jovens em crescimento, para passar do valor do ativo operacional por ação para o valor do patrimônio líquido por ação, adicionamos novamente ao ativo operacional o saldo de caixa, dele subtraímos a dívida pendente e as opções da administração e dividimos o resultado pelo número de ações em circulação. A empresa não tem opções pendentes, mas somamos o número de ações restritas, concedidas aos funcionários, ao número de ações em circulação (12.610 milhões), chegando a um valor por ação de US$ 112,79.

$$\text{Valor por ação} = \frac{(US\$\ 1.293.577 + US\$\ 113{,}762 + US\$\ 30.492 - US\$\ 14.701)}{12.610} = US\$\ 112{,}79$$

Essa estimativa presume que todas as ações são iguais em termos de dividendos e de direitos de voto. Algumas empresas em crescimento acelerado continuam sob o controle do fundador, que detém ações com direitos de voto desproporcionais. Se esse for o caso, é necessário ajustar o valor, considerando que as ações com direito a voto são negociadas com prêmio em relação às ações sem direito a voto. Estudos indicam que, nos EUA, esse prêmio é de 5% a 10%. A Alphabet tem três classes de ações. As ações classe A têm um direito de voto por ação; as classe B, dez direitos de voto; e as classe C, não têm direito de voto. Como as ações classe C são as mais negociadas, seria de se esperar que tivessem um desconto no valor estimado de US$ 112,79. Ao preço de mercado de US$ 131, na data desta avaliação (8 de agosto de 2023), as ações parecem supervalorizadas.

Avaliação Relativa (Precificação)

Os analistas que avaliam empresas em crescimento acelerado tendem a usar múltiplos de receita ou múltiplos de lucros prospectivos. Cada alternativa envolve algum perigo. Os múltiplos de receita são problemáticos simplesmente porque ignoram o fato de que a empresa que está sendo avaliada pode estar perdendo muito dinheiro. Em consequência, sugerimos considerar as margens de lucro futuras na análise do que seria um múltiplo de receita razoável. Os múltiplos de lucros futuros assumem implicitamente que a empresa sob avaliação sobreviverá ao período de análise e que as estimativas de lucro para o período são razoáveis.

No caso de empresas em crescimento acelerado, por mais cuidadoso que se seja na seleção das empresas comparáveis e na escolha dos múltiplos certos, haverá diferenças significativas entre as empresas em relação ao nível e à qualidade do crescimento esperado. As três maneiras descritas no Capítulo 4 podem ser usadas para controlar as diferenças.

1. *O histórico*: ao comparar os preços das ações de empresas em crescimento acelerado, os analistas em geral tentam explicar por que as de uma empresa são negociadas a múltiplos mais altos que as de outras empresas comparáveis, apontando para seu potencial de crescimento mais alto. Em 2023, por exemplo,

a Alphabet foi negociada a um índice P/L de 27,74, a mediana para o setor de publicidade on-line. Analistas esperam crescimento de lucro por ação de 17,3%, ligeiramente superior à mediana de 15,8% para o grupo de pares, o que significa que a Alphabet está quase com preço justo ou talvez até levemente subvalorizada.

2. *Múltiplos ajustados*: no índice P/L/C, o índice P/L é dividido pelo crescimento esperado no futuro, para estimar a versão do índice P/L ajustada ao crescimento. Com efeito, uma empresa que seja negociada a índice P/L/P mais baixo está mais barata que outra com índice P/L/C mais alto. O índice PEG (*Price/Earnings-to-Growth*) da Alphabet, de cerca de 1,6 (27,74/17,30) está na mediana do setor, sugerindo novamente um preço justo.

3. *Abordagens estatísticas*: quando as empresas variam não só quanto ao crescimento esperado, mas também quanto à qualidade do crescimento e ainda em relação ao risco, torna-se difícil aplicar as duas primeiras abordagens. A regressão múltipla, com o múltiplo como variável dependente, e o risco e crescimento como variáveis independentes, possibilita o controle das diferenças entre empresas, sob esses aspectos. Fazendo a regressão dos índices P/L em relação ao crescimento esperado e ao beta de empresas no setor de tecnologia, obtemos:

P/L = 24,76 + 85,04 (Taxa de crescimento esperada), R^2 = 19,3%.

Incluindo a taxa de crescimento do Alphabet (17,3%) nesta regressão:

P/L da Alphabet = 24,76 + 85,04 (0,173) = 39,47.

Com seu índice P/L atual de 27,74, a Alphabet parece subvalorizada, o que está em desacordo com a avaliação intrínseca da empresa, cuja conclusão foi de que a Alphabet estava supervalorizada. Ambas as conclusões oferecem ensinamentos aos investidores. Os investidores a longo prazo podem sentir-se confortáveis com as avaliações intrínsecas, mas devem estar preparados para turbulências a curto prazo devido à precificação.

Jogos de Valor

Para que seja bem-sucedida, uma empresa em crescimento acelerado precisa manter o crescimento em proporção ao tamanho, ao mesmo tempo em que preserva as margens de lucro. As taxas de crescimento da receita esperada tenderão a cair, mas a velocidade da queda variará entre diferentes empresas. Para que os investimentos em empresas em crescimento acelerado sejam compensadores, eis alguns pontos a observar:

- *Crescimento gradual*: à medida que a empresa cresce, as taxas de crescimento declinam. Concentre-se em empresas capazes de diversificar suas ofertas de produtos e de ampliar a base de clientes à medida que crescem. Essas empresas crescerão a taxas mais altas que suas congêneres sem a mesma capacidade de diversificação e ampliação da base de produtos e de clientes, mesmo mantendo o crescimento.
- *Margens sustentáveis*: à medida que alcançam mais sucesso, as empresas atraem mais competição. Procure empresas capazes de preservar as margens de lucro e os retornos enquanto crescem e evite empresas que precisam escolher entre margens e retornos mais baixos, de um lado, e crescimento mais acelerado de outro.
- *O preço certo*: ótimas empresas em crescimento acelerado podem ser maus investimentos se estiverem com o preço errado. Embora múltiplos como o índice P/L/C tenham suas limitações, use-os (índices P/L/C baixos) na busca de empresas baratas.

O tempo pode ser seu aliado. Mesmo as empresas em crescimento acelerado mais atraentes decepcionarão os investidores em algum momento, produzindo lucros que não coincidem com as expectativas otimistas. Quando isso acontecer, alguns investidores reagirão em excesso, descartando suas ações e partindo em busca do próximo caso de crescimento excepcional. A queda no preço oferecerá uma oportunidade para comprar a ação ao preço certo.

Capítulo Oito

Viagra da Avaliação

~

Avaliação de Empresas Maduras

Empresas maduras, como Coca-Cola (KO), Unilever (UL) e General Electric (GE) estão no mercado há muito tempo. Deveria ser fácil avaliá-las, uma vez que elas oferecem longos períodos de história operacional e de dados de mercado, com padrões estabelecidos de investimento e financiamento. Mas nem todas as práticas tradicionais são boas, e é possível que mudanças na administração dessas empresas façam diferença no valor. A avaliação da Coca-Cola poderia ser mais alta, se ela recorresse mais a capital de terceiros, e a avaliação da Unilever também poderia ser mais elevada, se ela cindisse algumas de suas divisões, como negócios independentes.

Se as empresas em crescimento acelerado extraem o grosso de seu valor dos ativos de crescimento, grande parte do valor das empresas maduras deve decorrer dos ativos existentes. Assim, ao definirmos empresa madura, a linha divisória variará entre diferentes mercados e ao longo do tempo (o limiar será mais alto em períodos de recessão econômica, como durante 2008 e 2009, e mais baixo em épocas de prosperidade).

As características comuns das empresas maduras são:

- *O crescimento da receita se aproxima da taxa de crescimento da economia*: embora possam apresentar taxas de crescimento altas durante alguns anos, as empresas maduras tendem a caracterizar-se

por taxas de crescimento da receita que, se não forem iguais, convergem para a taxa de crescimento nominal da economia.
- *As margens são estáveis*: as empresas maduras tendem a ter margens estáveis, com a exceção de empresas de commodities ou empresas sujeitas a ciclos, quando as margens variarão em função de variáveis macroeconômicas.
- *Vantagens competitivas diversas*: embora algumas empresas maduras vejam os retornos excedentes se aproximarem de zero ou se tornarem negativos, outras empresas maduras preservam significativas vantagens competitivas (e retornos excedentes). Por exemplo, a Coca-Cola usa sua marca para continuar a gerar altos retornos.
- *Capacidade de endividamento*: com mais caixa disponível para o serviço da dívida, a capacidade de endividamento tende a aumentar nas empresas maduras, embora possa haver grandes diferenças em como as empresas reagem a esse aumento na capacidade de endividamento. Algumas preferirão não a explorar no todo ou em parte e manter a política de financiamento dos ativos que adotavam como empresas em crescimento acelerado.
- *Aumento do caixa e retorno*: à medida que os lucros melhoram e as necessidades de reinvestimento caem, as empresas maduras gerarão caixa decorrente das operações além de suas necessidades. Se essas empresas não pagarem mais dividendos, os saldos de caixa começarão a acumular-se.
- *Crescimento movido a aquisições*: à medida que as empresas crescem e as oportunidades de investimento interno não mais oferecem o mesmo impulso de crescimento de quando eram menores, uma solução rápida a que recorrem é comprar crescimento: as aquisições de outras empresas podem fornecer empuxo às receitas e aos lucros.

Nem todas as empresas maduras são grandes. Muitas empresas pequenas logo alcançam o teto de crescimento e basicamente se mantêm como pequenas empresas maduras.

QUESTÕES DE AVALIAÇÃO

Ao avaliar empresas maduras, os investidores em geral são levados a acreditar que os números do passado (margens operacionais, retornos sobre o capital) são indicadores razoáveis do que os ativos existentes continuarão a gerar no futuro. Contudo, os lucros do passado refletem como as empresas eram gerenciadas em tempos idos. Na medida em que os gestores não tenham feito os investimentos certos ou escolhido as fontes de financiamento adequadas, os lucros futuros serão mais baixos que os potenciais sob melhor gestão. Se tal mudança na gestão já despontar no horizonte, os investidores subavaliarão os ativos existentes se usarem os números reportados. Outro desafio é que as empresas maduras são mais propensas a recorrer a aquisições como motor de crescimento. De um modo geral, o valor do crescimento movido a aquisições é muito mais difícil de estimar que o valor do crescimento interno, ou orgânico.

No caso de empresas maduras, dispõe-se de uma profusão de recursos quando se trata de precificação. É possível estimar múltiplos de receitas, de lucros e de valores contábeis e comparar como a empresa está precificada em relação a outras congêneres, mas a tarefa ainda é desafiadora.

- *Escolhas demais*: a mesma empresa pode ser objeto de diferentes avaliações, dependendo do uso de múltiplos da empresa ou de múltiplos do patrimônio líquido, da adoção de múltiplos das receitas, do lucro ou do valor contábil e das escolhas de empresas comparáveis. No caso de empresas maduras, o problema não é o de não ser possível estimar o valor relativo, mas, sim, o de se dispor de muitos valores dentre os quais selecionar os mais adequados.
- *Mudanças da administração*: os múltiplos das receitas, do lucro ou do valor contábil que escolhemos refletem a empresa como é administrada hoje. Uma vez que mudanças na administração da empresa podem alterar esses números, subavaliamos empresas mal administradas ao adotar os números vigentes.

- *Ruídos de aquisição*: o desfecho contábil das aquisições – a criação de *goodwill* (fundo de comércio ou ágio) e seu subsequente tratamento – pode afetar tanto os lucros quanto o valor contábil, tornando perigosos os múltiplos gerados por esses números.
- *Mudança da alavancagem financeira*: as empresas maduras são capazes de fazer grandes mudanças nos índices de endividamento, da noite para o dia – trocas de dívida por capital próprio, recapitalizações –, hipóteses em que os múltiplos do patrimônio líquido, como P/L e índice preço sobre valor contábil, mudarão mais que o valor do empreendimento ou que os múltiplos da empresa, à medida que muda a alavancagem financeira. A recompra de ações, financiada com dívidas, pode reduzir drasticamente o patrimônio líquido (ao diminuir as ações em circulação), mas terá efeito muito menor sobre o valor do empreendimento (pois estamos substituindo capital próprio por capital de terceiros). Pelas mesmas razões, os lucros do patrimônio líquido (lucro por ação, lucro líquido) mudarão quando a empresa alterar os índices de endividamento.

SOLUÇÕES DE AVALIAÇÃO

Se o segredo para avaliar empresas maduras for avaliar o aumento potencial do valor em consequência de mudanças na maneira como são administradas, essas transformações podem ser classificadas em três grandes grupos: mudanças nas operações, mudanças na estrutura financeira e mudanças nos ativos não operacionais.

Reestruturação Operacional

Ao avaliar uma empresa, nossas previsões de geração de lucro e de geração de caixa se baseiam em premissas sobre como a empresa será administrada. O valor dos ativos operacionais da empresa é função de três variáveis – geração de caixa pelos ativos existentes, crescimento esperado e extensão do período de crescimento acelerado –, cada uma das quais pode ser alterada pelas políticas de gestão.

- *Geração de caixa pelos ativos existentes*: se os investimentos existentes estão sendo operados de maneira ineficiente, cortar

custos, melhorar a produtividade dos empregados ou remanejar os ativos para novos usos podem aumentar a geração de caixa.
- *Taxas de crescimento esperadas*: as empresas podem aumentar o crescimento a longo prazo reinvestindo mais (aumento das taxas de reinvestimento) ou reinvestindo melhor (aumento do retorno sobre o capital total). Eles também podem melhorar os retornos sobre os ativos existentes de modo a gerar aumento da eficiência a curto prazo. Para algumas empresas maduras, com baixos retornos sobre o capital (mormente quando os retornos forem inferiores ao custo do capital), é possível, talvez até provável, que o valor aumente quando essas empresas reinvestirem menos e se contentarem com crescimento mais baixo no futuro.
- *Extensão do período de crescimento acelerado*: quanto mais longo for o período em que a empresa mantiver o crescimento acelerado e os retornos excedentes, maior será o seu valor. Uma das maneiras pelas quais as empresas conseguem aumentar o valor é elevando as atuais barreiras de entrada e desenvolvendo novas vantagens competitivas.

**VETOR DE VALOR Nº 1:
FOLGA OPERACIONAL**

Melhorar a gestão dos ativos pode acarretar grandes recompensas. Qual é o espaço para melhorias nas operações da empresa?

REESTRUTURAÇÃO FINANCEIRA

Dois aspectos do financiamento dos ativos afetam o custo do capital total e, em consequência, o valor que atribuímos à empresa. Primeiro, veremos como a combinação de capital próprio (patrimônio líquido) e capital de terceiros (dívidas), ou estrutura de capital, afeta o custo do capital total. Segundo, examinaremos como as escolhas das alternativas de financiamento (prioridades de pagamento, vencimento, moeda e outras características) podem impactar o custo do financiamento e o valor da empresa.

A opção excludente (trade-off) entre capital de terceiros e capital próprio é simples. As despesas financeiras são dedutíveis para efeitos tributários, o que não ocorre com as gerações de caixa para o patrimônio líquido, tornando o capital de terceiros mais atraente que o capital próprio, à medida que aumenta a alíquota tributária marginal. As dívidas também podem funcionar como mecanismo disciplinar para os gestores de empresas maduras, que se tornam menos propensos a efetuar maus investimentos se tiverem de pagar despesas financeiras. Por outro lado, as dívidas têm duas desvantagens. A primeira é a *expectativa do custo da falência*, porquanto, à medida que as dívidas se acumulam, também aumenta a probabilidade de falência. Porém, qual é o custo da falência? Um é o custo direto de falir, como honorários advocatícios e custas judiciais, que podem devorar parcela significativa do valor da empresa falida. Outro, mais devastador, é o efeito da percepção pelo mercado de a empresa estar em dificuldades financeiras: os clientes podem parar de comprar os produtos e serviços, os fornecedores podem exigir pagamento à vista e os empregados podem abandonar o barco, criando uma espiral de queda para a empresa, capaz de destruí-la. A segunda desvantagem é o *custo de agência*, decorrente de interesses diferentes e conflitantes pelos acionistas e credores da empresa. Os acionistas veem mais vantagens em investimentos arriscados que os credores. Ao se conscientizarem desse conflito de interesses, os credores passam a proteger-se por meio da inclusão de cláusulas restritivas nos contratos de empréstimo ou mediante a cobrança de taxas de juros mais elevadas. A análise dessa opção excludente ou a busca de um ponto de equilíbrio entre as escolhas exige que se quantifiquem os custos e os benefícios das dívidas.

Na abordagem do custo do capital total, a combinação ótima de fontes de financiamento é aquela que minimiza o custo do capital total da empresa. A substituição de capital próprio por capital de terceiros produz o efeito positivo de repor uma forma de financiamento mais dispendiosa (capital próprio) por outra menos dispendiosa (capital de terceiros), mas, ao mesmo tempo, o aumento do risco do capital de terceiros e do capital próprio elevará os custos de ambos os componentes. A abordagem do custo do capital total depende de geração de caixa sustentável para determinar o índice de endividamento ótimo. Quanto mais estável e previsível e quanto maior for a geração de caixa – como proporção do valor da empresa –, mais alto será o nível de endividamento. Além disso, o benefício mais significativo do capital de terceiros é a dedutibilidade tributária. Alíquotas tributárias mais elevadas devem levar a índices de endividamento mais altos.

Para ilustrar esse processo, analisemos o custo de capital da Unilever, em função de mudanças no índice de endividamento da empresa, em agosto de 2023. Na época, o índice de endividamento da empresa era de 16,84% e o custo de capital era de 9,91%. A adoção da abordagem do custo de capital, na Tabela 8.1, gera um índice de endividamento ótimo, com dívidas em torno de 30%, e o custo de capital reduzido para 9,88%, em agosto de 2023.

O beta e o custo do capital próprio da Unilever aumentam à medida que sobe o índice de endividamento. O custo do capital de terceiros depois dos impostos também aumenta, uma vez que o maior índice de endividamento eleva o risco de inadimplência e que, nos EUA, os benefícios fiscais desaparecem quando o índice de endividamento supera o limite de 50%. Observe também que as economias decorrentes da mudança do atual índice de endividamento para o nível ótimo resulta apenas em queda trivial no custo de capital.

Tabela 8.1 Custo do Capital Total e Índice de Endividamento da Unilever

Índice de endividamento	Beta	Custo do capital próprio	Custo do capital de terceiros (depois dos impostos)	Custo médio ponderado de capital (CMPC)
0%	0,90	10,13%	4,11%	10,13%
10%	0,98	10,64%	4,11%	9,99%
16,84%	1,05	11,06%	4,20%	9,91%
20%	1,07	11,28%	4,43%	9,91%
30%	1,19	12,10%	4,71%	9,88%
40%	1,35	13,20%	10,62%	12,17%
50%	1,63	15,08%	14,15%	14,61%
60%	2,05	17,94%	15,90%	16,72%
70%	2,74	22,59%	16,31%	18,19%
80%	4,11	31,89%	16,61%	19,67%
90%	8,21	59,77%	16,85%	21,14%

As empresas que misturam geração de caixa oriunda de dívidas com geração de caixa destinada a ativos (usando dívidas de curto prazo para financiar ativos de longo prazo, dívidas em determinada moeda para financiar ativos em outra moeda ou dívidas a juros flutuantes para financiar ativos cuja geração de caixa tende a ser afetada negativamente pelo aumento da inflação) acabarão enfrentando riscos de inadimplência mais altos e custos de capital mais elevados, o que acarreta valores mais baixos para a empresa. Em geral, as empresas recorrem a um espantoso aparato de dívidas e justificam essa complexidade com base no custo mais baixo, definido exclusivamente em termos de pagamento de juros. Quando se reduzem as incompatibilidades entre dívidas e ativos, o risco de inadimplência diminui e o valor da empresa aumenta.

> **VETOR DE VALOR Nº 2:**
> **FOLGA FINANCEIRA**
>
> A mudança da mistura de capital de terceiros (dívidas) e capital próprio (patrimônio líquido) e do tipo de endividamento pode alterar o valor. Será que a empresa tem a mistura correta de capital de terceiros e de capital próprio e o tipo certo de endividamento?

Ativos Não Operacionais

Grande naco do valor da empresa deriva dos ativos não operacionais – disponibilidades (caixa, aplicações financeiras de liquidez imediata e outras) e participações em outras empresas. Embora as disponibilidades sejam investimentos neutros, rendendo boa taxa de retorno (baixa, mas justa, considerando o risco e a liquidez), há dois cenários em que grande saldo de caixa pode destruir valor. O primeiro é quando o caixa é investido a taxas inferiores às do mercado. Uma empresa com US$ 2 bilhões em saldo de caixa mantido em conta bancária não remunerada sem dúvida está prejudicando os acionistas. O segundo é quando os investidores receiam que o caixa seja mal aplicado pelos administradores. Nos dois casos, os investidores descontarão o caixa, ou seja, reduzirão seu valor. Um dólar em caixa valerá menos que um dólar no mercado. Nesses casos, a devolução do caixa para os acionistas, na forma de dividendos ou de recompra de ações, deixará os acionistas em melhores condições.

As empresas com grandes participações recíprocas em várias empresas talvez constatem que esses investimentos estão sendo subavaliados pelo mercado. Em alguns casos, essa subavaliação pode ser atribuída a hiatos de informação, resultantes da não divulgação, pela administração, de detalhes importantes sobre crescimento, risco e fluxos de caixa referentes às participações recíprocas. Em outros casos, talvez reflita o ceticismo do mercado a respeito da capacidade da holding de gerenciar seu portfólio de participações recíprocas, o que poderá ser encarado como desconto (ou redução do valor) pelo fator conglomerado. Caso se aplique esse desconto, a recomendação para o aumento do valor é simples. Cindir ou alienar as participações recíprocas, expondo seu verdadeiro valor, talvez melhore a situação dos acionistas da matriz.

SERÁ QUE A MUDANÇA DA ADMINISTRAÇÃO PODE MUDAR O VALOR?

Para examinar a interação entre administração e valor, primeiro examinemos os efeitos da mudança da administração sobre o valor, para, depois, analisar as chances de que ela efetivamente ocorra. Se estimarmos o valor da empresa, assumindo a continuidade das atuais práticas gerenciais, denominando esse cenário de valor do *status quo*, e recalcularmos o valor da mesma empresa, presumindo a adoção de práticas gerenciais ótimas, chamando esse novo cenário de valor ótimo, o valor da mudança da administração pode ser escrito da seguinte maneira:

Valor da mudança da administração = Valor ótimo da empresa − Valor do *status quo*

O valor da mudança da administração será zero em uma empresa que já adote práticas gerenciais ótimas e substancial em uma empresa que seja mal gerenciada. A gestão subótima pode manifestar-se de diferentes maneiras, em diferentes empresas, e o caminho para a criação de valor variará entre empresas. Nas empresas em que os ativos existentes são mal gerenciados, o aumento do valor decorrerá basicamente da gestão mais eficiente desses ativos – aumento da geração de caixa por esses ativos e crescimento da eficiência. Nas empresas em que a política de investimentos é boa, mas a política de financiamento é ruim, o aumento no valor resultará da mudança na mistura de capital de terceiros (dívidas) e de capital próprio (patrimônio líquido), proporcionando redução no custo do capital total. No caso da Unilever, considere duas avaliações para a empresa: a atual administração da companhia manteve a situação vigente, entregando baixo crescimento e margens estáveis na última década. Também decidiu reduzir a dívida, que chegou a 16,84%, bem abaixo do considerado ideal, em torno de 30%. A avaliação da empresa na situação vigente é de € 42,44 por ação. Uma nova administração, que esteja disposta a eliminar as marcas em declínio, pode melhorar as margens para 20% e, ao mesmo tempo, manter as políticas de crescimento e financiamento (índice de dívida mais alto de 30%), aumentando, assim, a avaliação da empresa para € 49,05 por ação. Assim, a administração da empresa contribuiu com € 6,61/ação.

> **VETOR DE VALOR Nº 3:**
> **PROBABILIDADE DE MUDANÇA NA GESTÃO**
>
> Para que o valor mude, a gestão precisa mudar. Qual é a probabilidade de mudança na gestão em sua empresa?

É forte a tendência de manter a administração em exercício nas empresas, mesmo quando é amplo o reconhecimento de que a administração é incompetente ou não zela pelo interesse dos acionistas. Esse viés pode ser atribuído a restrições legais às tomadas de controle, a limitações institucionais a levantamentos de capital para desafiar gestores, a cláusulas impeditivas de tomadas de controle e de exercício de controle nos estatutos das empresas, a ações com diferentes direitos de voto e a estruturas complexas de participações recíprocas. Não obstante essas barreiras, em muitas empresas substitui-se a administração por iniciativa interna (pelo conselho de administração e pelos acionistas) ou no âmbito externo (por meio de aquisições). Em geral, essas mudanças são provocadas por *investidores ativistas*, que podem desafiar e, em alguns casos, de substituir gestores. Quando se examinam mais de perto essas empresas, observa-se que a mudança da administração é mais provável em empresas com ações com baixo preço e com baixa lucratividade, com conselhos de administração pequenos e independentes, com o predomínio de acionistas institucionais (em lugar de acionistas internos) e que operam em setores competitivos.

Investidores ativistas miraram na Unilever durante a última década, pressionando por redução de custos, redução de marcas registradas e atenuação da política de aquisições. De fato, em consequência, a Unilever passou por mudanças no topo, e é provável que outras transformações estejam no horizonte.

Suponha que você viva em um mundo onde nunca ocorram mudanças na administração de empresas e no qual os mercados sejam razoavelmente eficientes na estimativa dos valores das empresas por eles precificadas. Nesse cenário, todas as empresas seriam negociadas ao valor do *status quo*, refletindo tanto os pontos fracos quanto os pontos fortes da administração em exercício. Agora, presuma que você introduza a probabilidade de mudança da administração nesse mercado, na forma de aquisições hostis ou de substituições de CEOs. Quando se avalia a empresa sob a atual administração como valor do *status quo* e sob nova administração como valor ótimo, o preço da ação de todas as empresas deve ser uma média ponderada.

Valor de mercado = Valor do *status quo* + (Valor ótimo – Valor do *status quo*) × Probabilidade de mudança na administração

A intensidade com que essa abordagem afetará os preços das ações variará muito entre diferentes empresas e mercados, com o valor esperado do controle sendo maior para empresas mal gerenciadas, em que é alta a probabilidade de mudança da administração e em mercados onde a governança corporativa seja mais forte.

Na medida em que o valor esperado do controle já estiver embutido no valor de mercado, qualquer coisa que leve o mercado à percepção de aumento ou de redução na probabilidade de mudança da administração pode exercer forte impacto sobre todas as ações. A aquisição hostil de uma empresa, por exemplo, talvez induza os investidores a alterar suas estimativas da probabilidade de mudança da administração de todas as empresas do setor, com o consequente aumento nos preços das ações. Caso se defina a governança corporativa como o poder de mudar a administração de empresas mal gerenciadas, os preços das ações em mercados em que a governança corporativa é eficaz refletirão a alta probabilidade de substituição de maus gestores e de aumento do valor esperado do controle. Em contraste, é difícil, se não impossível, desalojar gestores em mercados em que a governança corporativa é fraca. Os preços das ações nesses mercados, portanto, incorporarão valores esperados do controle mais baixos. É provável que as diferenças na governança corporativa se manifestem com mais intensidade principalmente nas empresas mais mal gerenciadas do mercado.

Antes, estimamos dois valores para a Unilever: € 42,44 por ação, com a administração em exercício (valor do *status quo*) e € 49,05 com gestores mais agressivos (valor ótimo), e a probabilidade de apenas 60% de mudança da administração. O valor resultante é:

Valor esperado por ação = € 42,44 (0,40) + €49,05 (0,60) = € 46,41/ação.

O efetivo preço de mercado no momento desta avaliação era de aproximadamente € 52,26 por ação. Observe que, embora esse valor seja muito superior aos € 42,44 por ação de hoje, a comparação mais justa é com o valor esperado, e a empresa continua supervalorizada, embora nem tanto.

JOGOS DE VALOR

Há dois jogos de valor envolvendo empresas maduras. O primeiro é a estratégia clássica de "valor passivo", cujas raízes são atribuídas a Ben Graham e Warren Buffett, pela qual se investe em empresas bem gerenciadas que produzem lucros vigorosos e crescimento razoável, mas que caíram no desagrado dos investidores em reação a uma notícia recente (divulgação de demonstrações financeiras) ou em consequência de essas empresas não estarem na moda ou serem monótonas.

Outra maneira de lucrar com empresas maduras – e essa é uma estratégia mais agressiva – é procurar empresas mal gerenciadas que poderiam valer mais sob melhor administração. Para encontrar essas empresas, considere o seguinte:

- *Indicadores de desempenho*: quanto pior for a administração de uma empresa, maior será o potencial de aumento de valor. Busque empresas com margens operacionais baixas em relação à média setorial, baixos retornos sobre o capital total em relação ao custo do capital total e índices de endividamento muito baixos.
- *Potencial de mudança da administração*: é necessário mudar a administração para aumentar o valor. Busque empresas em que o campo de jogo não esteja inclinado em favor da administração (com diferenças nos direitos de voto ou com cláusulas contra tomadas de controle) e em que a mudança da administração, se não for iminente, é ao menos possível.
- *Sistema de alerta avançado*: se todos no mercado virem o que você vê (potencial de mudança da administração e de aumento do valor), seus ganhos não serão grandes. Concentre-se em empresas em que haja catalisadores para a mudança da administração: CEO já envelhecido, novo investidor no conselho de administração ou mudança recente nos estatutos.
- Se você estiver certo em sua estimativa, não será necessário esperar que ocorra a mudança na administração. Os ganhos com seu investimento se concretizarão quando o mercado reconhecer a probabilidade da mudança e puxar para cima o preço da ação para refletir essa substituição.

Capítulo Nove

Apocalipse

~

Avaliação de Empresas em Decadência

Na década de 1960, a General Motors (GM) era a locomotiva que tracionava a economia dos EUA, mas, em 2009, tornou-se uma empresa em dificuldade financeira, às voltas com o risco de falência. A Sears Roebuck (SHLD), empresa que inventou as vendas de varejo por reembolso postal, vem fechando lojas nos últimos anos, enquanto seus clientes mudam para concorrentes. Quando começam a envelhecer e a perder mercado, as empresas entram na fase final do ciclo de vida, que é o declínio. Embora os investidores e os analistas em geral as evitem, essas empresas podem oferecer oportunidades de investimento a longo prazo para investidores com estômago resistente.

As empresas em crescimento acelerado não querem maturar e as empresas maduras constantemente tentam redescobrir suas raízes de crescimento. Ao mesmo tempo, nenhuma empresa madura quer entrar em decadência, com a consequente perda de lucratividade e de valor. Assim, como diferenciar entre empresas maduras e empresas decadentes? As empresas decadentes geralmente apresentam pouco potencial de crescimento, e mesmo seus ativos existentes geralmente geram retornos mais baixos que o seu custo do capital total; elas são destruidoras de valor. O melhor cenário é o de decadência e liquidação ordeiras e o pior cenário é o de falência, decorrente da incapacidade de cobrir as obrigações de dívidas.

As empresas decadentes tendem a compartilhar características comuns, que criam problemas para os analistas ao tentarem avaliá-las.

- *Receitas estagnadas ou decrescentes*: receitas horizontalizadas ou que crescem menos que a inflação são indicadores de debilidade operacional. Esses padrões de receita se tornam ainda mais contundentes caso se apliquem não só à empresa sob análise, mas a todo o setor, eliminando assim a hipótese de a debilidade resultar de má administração.
- *Margens declinantes ou negativas*: as empresas decadentes geralmente têm menos capacidade de fixar preços e apresentam margens declinantes à medida que perdem participação no mercado para concorrentes mais agressivos.
- *Desinvestimento de ativos*: uma vez que os ativos existentes às vezes são mais valiosos para outros investidores, que pretendem usá-los de maneira diferente e mais eficaz, o desinvestimento de ativos será mais frequente em empresas decadentes, sobretudo se estiverem endividadas.
- *Grandes pagamentos aos acionistas – dividendos e recompra de ações*: as empresas em decadência têm pouca necessidade de reinvestimentos e, portanto, quase sempre pagam grandes dividendos, não raro superiores ao lucro, além de recomprarem ações.
- *Alavancagem financeira – desvantagens*: se o endividamento é uma faca de dois gumes, as empresas decadentes em geral estão na ponta errada, mais sujeitas às consequências negativas. No caso de estagnação ou declínio dos lucros gerados pelos ativos existentes e de baixo potencial de crescimento do lucro, o ônus da dívida pode tornar-se esmagador.

A avaliação de empresas decadentes e em dificuldade financeira exige que se equilibrem suas perspectivas de decadência com a necessidade de devolver caixa para os acionistas e para os credores.

QUESTÕES DE AVALIAÇÃO

Os dados históricos são desanimadores, com os investimentos existentes gerando receitas horizontalizadas ou até declinantes, acompanhadas de margens decrescentes. No todo, a empresa talvez gere retornos sobre o capital total inferiores ao custo do capital total. Em vez de investir em novos ativos, é até possível que a empresa descarte ativos e encolha, alterando tanto o mix de ativos quanto, não raro, o mix de financiamento. À medida que as operações da empresa e seu mix de financiamento se transformam, suas características de risco também mudam, alterando os custos do capital próprio e do capital de terceiros. Mesmo que se superem essas dificuldades e se estime a geração de caixa esperada de uma empresa decadente, é preciso considerar a possibilidade de que a empresa sob avaliação não consiga preservar o crescimento estável. Muitas empresas decadentes se tornarão inadimplentes e falirão ou serão liquidadas. Mesmo que a empresa venha a sobreviver, a taxa de crescimento esperada como perpetuidade não só tende a ser inferior à taxa de crescimento da economia e à taxa de inflação, mas também, em alguns casos, pode ser negativa. Basicamente, a empresa continuará a existir, mas encolherá cada vez mais à medida que perde participação no mercado.

Os analistas que recorrem à avaliação relativa como solução para o problema com que se deparam no caso de empresas decadentes ou em dificuldade financeira se defrontarão com as mesmas questões de estimativa ao usarem múltiplos e ao procurarem empresas comparáveis:

- *Variáveis a serem multiplicadas*: os lucros e os valores contábeis podem tornar-se inúteis com muita rapidez, quando ambos os números ficam negativos; os prejuízos sucessivos podem derrubar o valor do patrimônio líquido, até para território negativo.
- *Empresas comparáveis*: quando as demais empresas do setor de atividade são saudáveis e prósperas, o desafio é estimar um desconto para a empresa decadente em relação aos valores das empresas saudáveis. Nos setores em que muitas ou até todas as empresas são decadentes, não só se reduzem as escolhas quanto aos múltiplos a adotar, mas também é preciso considerar como melhor se ajustar à intensidade da decadência da empresa.
- *Considerando a dificuldade financeira*: as empresas com alta probabilidade de enfrentar dificuldade financeira serão negociadas a valores mais baixos (e, portanto, a múltiplos mais baixos) que aquelas em condições mais favoráveis. Isso não as torna mais baratas.

Os sintomas de decadência provocados por excesso de endividamento e lucros declinantes não desaparecerão apenas porque baseamos nosso valor em um múltiplo de receita.

SOLUÇÕES DE AVALIAÇÃO

Receitas horizontalizadas, margens declinantes e a probabilidade de enfrentar dificuldades financeiras tornam escorregadias essas empresas. Nesta seção, veremos como melhor enfrentar os desafios tanto na avaliação intrínseca quanto na avaliação relativa.

Avaliação Intrínseca

Basearemos nossa análise de empresas decadentes em duas questões-chave. A primeira é se o declínio que se observa nas operações da empresa é reversível ou permanente. Em alguns casos, a empresa pode estar em queda acentuada, mas tem condições de recuperar-se sob nova administração. A segunda se relaciona com o grau de probabilidade do aperto financeiro; nem todas as empresas decadentes enfrentam dificuldades financeiras. Consideraremos ambas as conclusões em versão adaptada do modelo de avaliação intrínseca. Para ilustrar o processo, avaliaremos a Bed Bath & Beyond, empresa de varejo que, como muitas outras do mesmo setor dos EUA, viu sua sorte virada de ponta-cabeça pelo varejo on-line e pelas transformações nas preferências dos clientes. As receitas anuais da empresa, que se tornou um pilar do varejo dos EUA na década de 1990, caíram de US$ 12,3 bilhões, em 2017, para US$ 7,4 bilhões, em 2023, e seus lucros operacionais, de US$ 1,55 bilhão em 2014, tornaram-se perdas operacionais de US$ 386 milhões, em 2022. A companhia tentou se ajustar às mudanças, fechando lojas de baixo desempenho, mas as receitas, mesmo em muitas de suas lojas com melhores resultados, sofreram declínios contínuos.

No método de avaliação convencional, por fluxo de caixa descontado, avalia-se a empresa como entidade em continuidade e assume-se baixa probabilidade de falência ou que os mercados de capitais são abertos, acessíveis e líquidos. Se a probabilidade de dificuldade financeira for alta, o acesso ao capital fica limitado (por fatores internos ou externos) e o produto da venda de ativos torna-se muito mais baixo que os valores de uma entidade em continuidade. Portanto, as avaliações por fluxo de caixa descontado superestimarão o valor da empresa e do patrimônio líquido, mesmo que as gerações de caixa e as taxas de desconto estejam corretas. Um acréscimo para o modelo-padrão de fluxo de caixa descontado é segregar as premissas e o valor da entidade em continuidade em relação aos efeitos da dificuldade financeira. Para estimar os efeitos da dificuldade financeira, primeiro avalie a empresa como entidade em continuidade e depois estime a probabilidade acumulada de que a empresa enfrente dificuldade financeira, durante o período de previsão, e o produto que se espera obter com a venda dos ativos.

O primeiro passo é avaliar a empresa com base na premissa de que ela se manterá na condição de entidade em continuidade. Assim, estimam-se as receitas esperadas, as margens operacionais e os impostos, supondo que a empresa recuperará a saúde financeira, operando sob a restrição de que estará sujeita a limitações em sua capacidade de reinvestimento. Ao fazer essas estimativas, é preciso ser realista ao considerar até que ponto uma empresa decadente pode ser saudável: é bem possível que a empresa precise encolher e satisfazer-se com pouco ou nenhum crescimento a longo prazo. Ao estimar as taxas de desconto, é necessário supor que os índices de endividamento diminuirão ao longo do tempo, se a empresa estiver muito alavancada, e que ela aproveitará os benefícios fiscais da dívida caso se torne lucrativa. Isso é compatível com a premissa de que a empresa se manterá como entidade em continuidade. Para avaliar a Bed Bath & Beyond (BBBYQ) como empresa em operação contínua (*going concern*), previmos que as receitas seguiriam declinando nos 5 anos subsequentes, com uma queda de 10% no primeiro ano e declínios sucessivos de 5% nos 4 anos seguintes, antes de adotar um modelo de varejo mais eficaz, que lhe proporcionasse crescimento de 3% ao ano. Também presumimos que esse novo modelo de negócios seria capaz de gerar margem operacional de 5,54%, a média do setor de varejo dos EUA, mas somente após o ano 5. Nessa transição, esperávamos que a BBBYQ fechasse lojas, recuperando parte do ativo imobilizado nesses arrendamentos e configurações de lojas e, à medida que recuperasse a saúde, seu custo de capital caísse de 8,79% para 7,5%, em direção ao 75° percentil dos custos de capital para varejistas dos EUA. A Tabela 9.1 mostra os efeitos dessas mudanças.

Tabela 9.1 Valor dos Ativos Operacionais da Bed Bath & Beyond

	Receitas	Margem operacional	LAJIR	LAJIR × (1 – t)	Reinvestimento	GCLE	Custo de capital
1	US$ 7.081	–1,00%	–US$ 70,81	–US$ 71	US$ 0	–US$ 71	8,79%
2	US$ 6.727	1,62%	US$ 108,72	US$ 109	–US$ 177	US$ 286	8,79%
3	US$ 6.391	2,92%	US$ 186,89	US$ 187	–US$ 168	US$ 355	8,79%
4	US$ 6.071	4,23%	US$ 256,96	US$ 257	–US$ 160	US$ 417	8,79%
5	US$ 5.768	5,54%	US$ 319,56	US$ 244	–US$ 152	US$ 396	8,79%
6	US$ 5.572	5,54%	US$ 308,69	US$ 232	–US$ 98	US$ 330	8,53%
7	US$ 5.471	5,54%	US$ 303,14	US$ 227	–US$ 50	US$ 277	8,27%
8	US$ 5.460	5,54%	US$ 302,53	US$ 227	–US$ 5	US$ 232	8,01%
9	US$ 5.537	5,54%	US$ 306,77	US$ 230	US$ 38	US$ 192	7,76%
10	US$ 5.703	5,54%	US$ 315,97	US$ 237	US$ 83	US$ 154	7,50%
Final	US$ 5.874	5,54%	US$ 325,45	US$ 244	US$ 73	US$ 171	7,50%

Para completar a avaliação, admitiremos que a Bed Bath & Beyond entrará em crescimento estável depois do ano 10, crescendo a 3% ao ano (correspondente ao limite da taxa livre de risco) para sempre. Também consideraremos que o retorno sobre o capital será de 7,5%, em perpetuidade, igual ao custo de capital do período estável de 7,5%.

$$\text{Taxa de reinvestimento} = \frac{\text{Taxa de crescimento estável}}{\text{Retorno sobre o capital estável}} = \frac{3,0\%}{7,5\%} = 40\%$$

Valor terminal

$$= \frac{\text{Lucro operacional depois do imposto}_{\text{Último ano}} (1 - \text{Taxa de reinvestimento})}{(\text{Custo de capital}_{\text{estável}} - g_{\text{estável}})}$$

$$= \frac{\text{US\$ } 244 \, (1 - 0,40)}{0,075 - 0,03} = \text{US\$ } 3.253 \text{ milhões.}$$

Esse valor é baseado na premissa de que, ao mesmo tempo que a Bed Bath & Beyond enfrenta dificuldades com seu atual modelo de negócios, o varejo em si está sendo recriado para atuar como parte sustentável e crescente da economia. Alguns setores de atividade, como tabaco e combustíveis fósseis – que, acredita-se, estão em decadência duradoura –, tendem a gerar taxa de crescimento negativo a longo prazo, resultando efetivamente no encolhimento da empresa com o tempo, sem perspectivas de recuperação.

Descontando as gerações de caixa na Tabela 9.1 ao custo de capital cumulativo e adicionando o valor presente do valor terminal, chega-se ao valor de US$ 3.097 milhões para os ativos operacionais. Adicionando o caixa (US$ 440 milhões), subtraindo o valor de mercado das dívidas (US$ 3.085) e dividindo o resultado pelo número de ações em circulação (92,5 milhões), apura-se um valor para o patrimônio líquido de US$ 4,89 por ação.

$$\text{Valor/ação} = \frac{\text{Ativos operacionais} + \text{Caixa} - \text{Dívidas}}{\text{Número de ações}}$$
$$= \frac{3.097 + 440 - 3.085}{92,50}$$
$$= US\$\ 4,89/\text{ação}.$$

O segundo passo é estimar a probabilidade acumulada de dificuldades financeiras durante o período de avaliação. Uma abordagem simples para fazer essa estimativa é usar o rating (classificação de risco de crédito) dos títulos de dívida da empresa e o histórico das taxas de inadimplência das empresas com o mesmo rating. A Moody's já estimaram as probabilidades acumuladas de inadimplência para títulos de dívida com diferentes classes de rating durante períodos de 5 e 10 anos depois da emissão. Essas estimativas estão listadas na Tabela 9.2.

Tabela 9.2 Classificação de Títulos de Dívida e Probabilidade de Inadimplência

Classificação da Moody	Em 5 anos	Em 10 anos
Aaa	0,10%	0,70%
Aa	0,60%	1,80%
A	1,00%	2,70%
Baa	2,30%	5,20%
Ba	8,30%	16,40%
B	19,30%	31,90%
Caa-C	31,50%	46,00%

Elaborando um pouco mais, a Bed Bath & Beyond obteve classificação B em 2022, e a probabilidade de inadimplência cumulativa para um título incluído nesse nível é de 31,9%, nos próximos 10 anos. Essa abordagem funciona para empresas decadentes, em dificuldades, que são avaliadas pelas principais agências de classificação de risco, mas, na falta de avaliação formal, será preciso mais criatividade.

> **VETOR DE VALOR Nº 1:**
> **VALOR DE ENTIDADE EM CONTINUIDADE**
>
> Algumas empresas decadentes e em dificuldade financeira recuperam a saúde. Assumindo que sua empresa seja uma delas, quanto ela valerá como entidade em continuidade?

Como terceiro passo, é preciso considerar a pergunta lógica que se segue, para estimar a probabilidade de dificuldade financeira. E, então, o que acontecerá? O problema não é a dificuldade financeira em si, mas, sim, o fato de as empresas em dificuldade financeira terem de vender seus ativos por menos que o valor presente das gerações de caixa esperadas, a serem produzidas pelos ativos existentes e pelos prováveis investimentos futuros. Muitas vezes, não conseguem nem o valor presente das gerações de caixa pelos ativos existentes. Em consequência, importante input necessário para essa estimativa são os resultados esperados de vendas efetuadas em condições de dificuldade financeira. Uma maneira prática de estimar os resultados de vendas efetuadas em condições de dificuldade financeira é considerá-las porcentagem do valor contábil dos ativos, com base na experiência de outras empresas em dificuldade financeira. Em empresas cujo valor depende mais de ativos intangíveis que de ativos físicos passíveis de liquidação, os efeitos de dificuldades financeiras podem ser expressos como porcentagem do valor justo.

> **VETOR DE VALOR Nº 2:**
> **PROBABILIDADE DE DIFICULDADE FINANCEIRA**
>
> A maioria das empresas decadentes e em dificuldade financeira não recupera a saúde. Qual é a probabilidade de que sua empresa enfrente dificuldades financeiras?

Para a Bed Bath & Beyond, vamos supor que, em caso de dificuldade, ela receberá apenas um quarto do seu valor justo, o que resulta em valor de venda em condições de dificuldade de US$ 774 milhões (um quarto do seu valor justo de US$ 3.097 milhões). Adicionando-se o saldo de caixa atual de US$ 440 milhões, obtêm-se receitas muito inferiores ao valor nominal da dívida, de US$ 3.085 milhões; portanto, os investidores de capital próprio não receberiam nada na hipótese de venda em condições de dificuldade. Embora o valor por ação, como entidade em continuidade (com base na avaliação por fluxo de caixa descontado), seja de US$ 4,89, o ajuste pela probabilidade de inadimplência, de 31,90% (com base no rating B+ dos títulos de dívida), daria um valor ajustado de US$ 3,33.

Valor por ação ajustado pela dificuldade financeira = US$ 4,89 (1 − 0,319)
+ US$ 0,00 (0,319) = US$ 3,33

Isso foi significativamente menor que o preço das ações de US$ 8,79, no momento da avaliação.

Há uma consideração final que pode afetar o valor de patrimônio líquido. Em empresas saudáveis, compra-se participação no patrimônio líquido, ou ações, com base na expectativa de geração de caixa: dividendos, recompra de ações ou até acumulação de caixa na empresa. No caso de empresas em dificuldade financeira, investe-se na ação por outra razão: expectativa de que a empresa dê uma virada e recupere a saúde. Com efeito, o fato de o preço da ação não poder cair abaixo de zero e de os investidores em capital próprio ficarem com quaisquer sobras, depois do pagamento aos credores, dá às empresas em dificuldade financeira as características de uma opção de compra. Em empresas com dívidas substanciais e com risco significativo de falência, o valor da ação como opção de compra pode ser superior ao valor da ação pelo fluxo de caixa descontado. A implicação de ver a ação como opção de compra é que a ação terá valor, mesmo que o valor da empresa caia bem abaixo do valor nominal da dívida em aberto. E esse será o caso sobretudo quando a empresa atua em um setor arriscado (o risco aumenta a probabilidade de que o valor dos ativos seja maior no futuro) e tem dívidas a longo prazo (a opção tem mais tempo para ser exercida).

> **VETOR DE VALOR Nº 3:**
> **CONSEQUÊNCIAS DA DIFICULDADE FINANCEIRA**
>
> Na hipótese de falência, os ativos da empresa serão vendidos e o produto da venda será usado para pagar as dívidas. Supondo que sua empresa incorra em dificuldade, quais serão as consequências?

Avaliação Relativa (Precificação)

Duas são as maneiras de adaptar a avaliação relativa às condições especiais das empresas em dificuldade financeira ou decadentes. Pela primeira, compara-se a avaliação da empresa em questão com as avaliações de outras empresas em dificuldade financeira. Pela segunda, compara-se a avaliação da empresa em questão com a de empresas saudáveis, mas, de algum modo, ajusta-se o valor da empresa em questão, pelo fato de estar em dificuldade financeira.

Para avaliar uma empresa em dificuldade financeira, uma alternativa é encontrar um grupo de empresas em dificuldade financeira no mesmo setor de atividade e ver quanto o mercado está disposto a pagar por elas. Por exemplo, pode-se avaliar uma empresa de telecomunicações problemática verificando os múltiplos valores da empresa sobre vendas (ou capital contábil) pelo qual outras empresas de telecomunicações em dificuldade financeira estão sendo negociadas. Embora a abordagem seja promissora, ela só funciona se muitas empresas do setor estiverem em dificuldade financeira ao mesmo tempo. Além disso, ao identificar empresas em dificuldade financeira para fins de comparação, corre-se o risco de pôr no mesmo saco empresas que enfrentam dificuldades de diferentes graus. Comparando a Bed Bath & Beyond com outras empresas de varejo, em 2022, os únicos múltiplos a serem computados, dadas suas perdas, são de receita (valor da empresa [VE]/vendas ou preço/vendas). Assim, negociada a quase metade de suas receitas (índice VE/vendas de 0,5), a empresa parece barata em comparação com a média das empresas do setor de varejo, em que o índice VE/vendas tem ficado em torno de 0,81, em 2022, mas isso não levando em conta a queda das receitas e as dificuldades iminentes da empresa.

Do mesmo modo como na abordagem adotada na avaliação por fluxo de caixa descontado, podem-se avaliar empresas em dificuldade financeira usando como base de comparação as empresas saudáveis do setor e examinando a que preços elas estão sendo negociadas. Para avaliar a empresa em dificuldade financeira, assume-se que a empresa recupere a saúde e prevê-se a receita ou o lucro operacional no futuro. Estima-se o valor esperado no período futuro e se o desconta a valor presente para avaliar a empresa como entidade em continuidade. Em seguida, considera-se a probabilidade de dificuldade financeira e o produto das vendas de ativos em condições de dificuldade financeira para avaliar a empresa hoje, avaliando-se ambos os inputs como o foram na última seção. Para avaliar a Bed Bath & Beyond, adotando essa abordagem, primeiro estimamos receitas de US$ 5.703 milhões, no ano 10, se a empresa recuperar a saúde. Aplicando o múltiplo VE/vendas médio do setor de varejo, de 0,81, em 2022, chegamos ao valor de US$ 4.619 milhões daqui a 10 anos:

$$\text{Valor esperado do empreendimento em 10 anos} = US\$\ 5.703 \times 0,81$$
$$= US\$\ 4.619\ \text{milhões}$$

Descontando a valor presente (aos custos do capital total da Tabela 8.1), chega-se a US$ 2.062 milhões. Na hipótese de dificuldade financeira, espera-se que o produto da venda dos ativos seja de apenas US$ 1.214 milhão. Ajustando esse valor à probabilidade e aos efeitos de dificuldade financeira, obtêm-se US$ 6.277 milhões como valor do empreendimento hoje.

$$\text{Valor hoje} = US\$\ 2.062\ (1 - 0{,}319) + US\$\ 1.214\ (0{,}319)$$
$$= US\$\ 1.877\ \text{milhão}$$

Adicionando caixa e subtraindo dívidas obtém-se um valor negativo para o patrimônio líquido, sugerindo que, com base no preço, considerando as dificuldades e o valor no tempo, o patrimônio líquido da Bed Bath & Beyond não deve valer nada em 2022.

Jogos de Valor

Os investidores com horizontes temporais longos e com estômago forte podem usar duas estratégias na avaliação de empresas decadentes. A primeira é investir em empresas decadentes, nas quais a decadência é irreversível e cuja administração reconhece essa realidade. Embora esse investimento em ações tenha pouca perspectiva de valorização, em termos de aumento de preço, ele gerará muito caixa à medida que a empresa vende os ativos e usa o caixa daí resultante para o pagamento de dividendos e para a recompra de ações. Com efeito, a ação funcionará como título de dívida de alto rendimento.

A segunda é apostar na virada, hipótese em que se investe em empresas decadentes ou em dificuldade financeira na esperança de que elas recuperem a saúde e, no processo, ofereçam benefícios substanciais. Para adotar essa estratégia, é preciso considerar o seguinte:

- *Potencial operacional*: a empresa com bons ativos operacionais pode enfrentar dificuldades financeiras em consequência do endividamento excessivo. Procure empresas superalavancadas ou endividadas com ativos valiosos que, sob outros aspectos, sejam saudáveis.
- *Reestruturação de dívidas*: para se recuperarem, as empresas superalavancadas precisam reduzir o ônus da dívida, melhorando o desempenho operacional ou renegociando as condições da dívida. Procure empresas que estejam tomando iniciativas para reestruturar suas dívidas, com alta probabilidade de êxito.
- *Acesso a capital novo*: a sobrevivência fica muito mais fácil se a empresa em dificuldade financeira for capaz de levantar novo capital. Concentre-se em empresas que tenham mais acesso a capital próprio ou a capital de terceiros para melhorar suas chances de sucesso.

Quem investe em empresas em dificuldade financeira espera que aquelas capazes de se recuperar ofereçam retornos bastante altos para cobrir as perdas das muitas outras que afundarão.

Quebrando o Molde – Situações Especiais em Avaliação

Capítulo Dez

Quando se Trata de Bancos

Avaliação de Instituições Financeiras

Ao longo de décadas, os bancos e as seguradoras têm sido exaltados como bons investimentos para investidores avessos ao risco e amantes de dividendos. Invista no Citigroup (CITI) e na American Insurance Group (AIG) e seu investimento estará seguro. Essas empresas não apenas pagavam dividendos altos e estáveis, mas também eram consideradas seguras porque eram regulamentadas. A crise bancária de 2008 revelou que mesmo empresas reguladas podem ser negligentes na assunção de riscos. Ainda que algumas dessas empresas sejam bons investimentos, os compradores devem fazer o dever de casa, avaliando a sustentabilidade dos dividendos e os riscos subjacentes.

As instituições financeiras se enquadram em quatro grupos, dependendo de como produzem receitas. Os *bancos* ganham dinheiro com o *spread* entre os juros que pagam aos fornecedores de fundos, ou credores, e os juros que cobram dos tomadores de fundos, ou devedores, assim como das tarifas que recebem por outros serviços prestados aos depositantes e investidores. As *seguradoras* têm duas fontes de receita. Uma são os prêmios pagos pelos compradores de apólices de seguro, e a outra são os rendimentos produzidos pelas carteiras de investimento que mantêm para pagar os sinistros. Os *bancos de investimentos* prestam assessoria e oferecem produtos de apoio a outras empresas para o levantamento de capital nos mercados financeiros ou para a realização de operações complexas (fusões, aquisições e cisões). As *empresas de investimentos* orientam os investimentos ou gerenciam os portfólios dos clientes. Sua renda vem de honorários de consultoria e de remuneração pela administração e vendas de carteiras de investimentos. Com a consolidação do setor de serviços financeiros, cada vez mais empresas operam em mais de uma dessas áreas.

As instituições financeiras são reguladas em todo o mundo, e essa regulação assume três formas. Primeiro, os bancos e as seguradoras devem observar certos índices de capital obrigatórios, calculados com base no valor contábil do patrimônio líquido, para garantir que não expandam suas atividades além de seus meios, aumentando os riscos dos depositantes e credores. Segundo, as instituições financeiras em geral estão sujeitas a limitações quanto a onde investem seus fundos. Por exemplo, até a década passada, o Glass-Steagall Act, nos EUA, impedia que os bancos comerciais exercessem atividades de bancos de investimentos, assim como que assumissem posições acionárias ativas em empresas de serviços não financeiros. Terceiro, a entrada de novas empresas no setor geralmente é controlada pelas autoridades reguladoras, assim como as fusões e aquisições entre as empresas existentes.

As normas contábeis adotadas para medir o lucro e o valor contábil das instituições financeiras são diferentes das que se aplicam às demais empresas do mercado. Os ativos das instituições financeiras tendem a ser instrumentos financeiros, como títulos de dívida e obrigações securitizadas. Como se considera o preço de mercado em muitos desses investimentos, as regras contábeis se inclinaram para o uso do valor de mercado desses ativos – *marcação a mercado*, por assim dizer.

QUESTÕES DE AVALIAÇÃO

Dois são os desafios básicos na avaliação de bancos, de bancos de investimentos ou de seguradoras. O primeiro é a dificuldade de diferenciar capital de terceiros (dívidas) e capital próprio, no caso das instituições financeiras. Quando falamos de capital de empresas não financeiras, tendemos a falar tanto de capital de terceiros quanto de capital próprio. No caso das instituições financeiras, o capital de terceiros tem conotação diferente. As dívidas para os bancos são matéria-prima, algo a ser moldado em outros produtos, para serem vendidos a preços mais altos e gerarem lucro. De fato, a definição do que significa dívida também é mais confusa nas instituições financeiras que nas demais empresas, uma vez que os depósitos dos clientes em contas-correntes tecnicamente se enquadrariam nos critérios de caracterização de dívidas. Em consequência, o capital total nas instituições financeiras deve ser definido de maneira mais estreita, para incluir apenas o capital próprio, critério que é imposto pelas autoridades reguladoras ao avaliarem os índices de capital próprio dos bancos e das seguradoras.

A definição de geração de caixa para os bancos também é difícil, mesmo que se considere a geração de caixa para o patrimônio líquido. Também a mensuração das despesas de capital líquidas e do capital circulante líquido pode ser problemática. Ao contrário das empresas manufatureiras, que investem em fábricas, em equipamentos e em outros ativos imobilizados, as instituições financeiras investem basicamente em ativos intangíveis, como marca e capital humano. Em consequência, seus investimentos para crescimento futuro geralmente são tratados como despesas operacionais nas demonstrações financeiras. Se definirmos capital circulante líquido como a diferença entre ativo circulante e passivo circulante, grande proporção do balanço patrimonial dos bancos se enquadrará em uma dessas categorias. As mudanças nesses números podem ser grandes e voláteis e podem não se relacionar com reinvestimentos para crescimento futuro.

As mesmas questões surgem na avaliação relativa. Os múltiplos com base no valor do empreendimento são muito difíceis, se não impossíveis, de computar nas instituições financeiras. Controlar as diferenças em crescimento e risco também é mais difícil, em grande parte porque as demonstrações financeiras são opacas.

SOLUÇÕES DE AVALIAÇÃO

Uma vez que não se pode definir com clareza as dívidas e a geração de caixa das instituições financeiras, como avaliar essas entidades? Adotamos as mesmas técnicas tanto na avaliação intrínseca quanto na avaliação relativa para superar esses problemas: avaliamos o patrimônio líquido (não a empresa) e usamos dividendos, a única geração de caixa observável.

Avaliação Intrínseca

Quando se aceita a proposta de que o capital dos bancos deve ser definido de maneira mais restrita, para incluir apenas o capital próprio, e de que é difícil (se não impossível) calcular a geração de caixa para o patrimônio líquido, uma vez que as despesas de capital líquidas e o capital circulante líquido não podem ser definidos, resta apenas uma opção: o *modelo de desconto de dividendos*. Embora iremos dedicar boa parte desta seção ao uso dos dividendos, também apresentaremos duas alternativas. Uma é ajustar o indicador geração de caixa livre para o patrimônio líquido, definindo reinvestimento como aumento do capital regulatório, a fim de sustentar o crescimento. A outra é manter o foco no que as instituições financeiras geram como retorno sobre o patrimônio líquido, em comparação com o custo do capital próprio, e avaliar a diferença positiva, ou retorno excedente.

Modelos de Desconto dos Dividendos No modelo básico de desconto de dividendo, o valor da ação é o valor presente dos dividendos esperados a serem recebidos pela ação. Para uma empresa em crescimento estável que pague dividendos, o valor da ação pode ser calculado da seguinte maneira:

$$\text{Valor da ação} = \frac{\text{Dividendos esperados no próximo ano}}{\text{Custo do capital próprio} - \text{Taxa de crescimento esperada}}$$

No caso mais geral, em que os dividendos crescem a uma taxa que não se espera sejam sustentáveis ou constantes para sempre durante um período, ainda podemos avaliar a empresa em duas etapas: o valor presente (VP) dos dividendos durante a fase de alto crescimento e o valor presente do preço no fim do período, assumindo crescimento perpétuo. O modelo de desconto dos dividendos é intuitivo e tem raízes profundas na avaliação de ações. No modelo de desconto dos dividendos, três são os conjuntos de inputs que determinam o valor do patrimônio líquido. O primeiro é o custo do capital próprio que usamos para descontar as gerações de caixa, com a possibilidade de que o custo pode variar muito no tempo, pelo menos no caso de algumas empresas. O segundo é a proporção do lucro, que se presume venha a ser paga como dividendo. Esse é o índice de pagamento de dividendos. Índices de pagamento de dividendos mais altos significam mais dividendos para o mesmo nível de lucro. O terceiro é a taxa de crescimento esperada dos dividendos ao longo do tempo, que será função da taxa de crescimento do lucro e do índice de pagamento de dividendos. Além de estimar bem cada conjunto de inputs, também precisamos ter a certeza de que os inputs são consistentes entre si.

O custo do capital próprio para uma empresa de serviços financeiros deve refletir a parcela do patrimônio líquido cujo risco não pode ser diversificado pelo investidor marginal na ação. Ao fazer estimativas do custo do capital próprio para instituições financeiras, precisamos ter em mente três observações.

- *Use os betas do setor*: o grande número de instituições financeiras de capital aberto facilita a estimativa dos betas do setor.
- *Ajuste pelo risco regulatório e pelo risco do negócio*: para refletir as diferenças regulatórias, restrinja a definição do setor. Assim, calcule o beta médio de bancos com modelos de negócios semelhantes. As instituições financeiras que se expandem para negócios mais arriscados – securitização, operações de mercado e investimentos – devem ter betas diferentes (e mais altos) no respectivo segmento, e o beta da empresa deve refletir esse risco elevado.
- *Considere a relação entre risco e crescimento*: espere que os bancos com mais alto crescimento tenham beta e custo do capital próprio mais elevados que os de bancos maduros. Ao avaliar esses bancos, comece com custos do capital próprio mais altos, mas, à medida que o crescimento desacelera, também reduza o beta e o custo do capital próprio.

Considere uma avaliação do Citigroup, um dos maiores bancos comerciais dos EUA, em maio de 2023. Nela adotamos o custo de capital próprio de 11,67%, número que reflete o custo de capital próprio implícito do conjunto de grandes bancos, com base em sua precificação (índices preço/valor contábil) e nos retornos sobre o capital próprio:

- Preço mediano a ser contabilizado para grandes bancos em maio de 2023 = 1,04.

- Retorno mediano sobre o patrimônio líquido para grandes bancos em maio de 2023 = 12%.
- Taxa de crescimento esperado em perpetuidade = 3,3% (considerada igual à taxa livre de risco).

Conforme observamos no Capítulo 3, na avaliação relativa (seção Precificação):

$$PBV = (ROE - g) / (\text{Custo do capital próprio} - g),$$
$$1,04 = (0,12 - 0,033) / (\text{Custo do capital próprio} - 0,033), \text{ então}$$
$$\text{Custo do capital próprio} = 0,1167 \text{ ou } 11,67\%$$

Há um último ponto a ser enfatizado aqui. O custo do capital próprio entre grandes bancos reflete a premissa de que o Citigroup, pelo menos em 2023, era tão arriscado quanto a média dos grandes bancos nos EUA. Caso se esteja avaliando um banco mais arriscado ou mais seguro que a média dos bancos, uma maneira de considerar a situação é olhar para a distribuição dos custos implícitos do capital próprio entre os bancos e adotar esse custo no 75° percentil para os bancos mais arriscados e no 25° percentil para bancos mais seguros.

VETOR DE VALOR Nº 1:
RISCO DO CAPITAL PRÓPRIO OU DA AÇÃO

Ainda que todas as instituições financeiras estejam sujeitas a regulação, nem todas são igualmente arriscadas. Como o perfil de risco de sua empresa se compara com o da média das empresas no setor?

Há uma opção excludente (trade-off) intrínseca entre dividendos e crescimento. Quando a empresa paga grande proporção dos lucros como dividendo, ela reinveste menos e tende a crescer menos. Quando se trata de instituições financeiras, essa relação é reforçada pelo fato de as atividades dessas empresas estarem sujeitas a restrições regulatórias quanto ao capital. Os bancos e as seguradoras devem manter capital próprio (em termos de valor contábil) correspondente a determinadas porcentagens de suas atividades. Ao pagar mais dividendos, a empresa retém menos lucro, e o valor contábil do capital próprio aumenta com os lucros retidos. Nos anos recentes, seguindo tendência também visível em outros setores, as instituições financeiras aumentaram as recompras de ações como maneira de devolver caixa aos acionistas. Nesse contexto, concentrar-se exclusivamente no pagamento de dividendos talvez ofereça visão enganosa do caixa devolvido aos acionistas. Uma solução óbvia é somar em cada ano as recompras de ações aos dividendos pagos e calcular o índice composto de pagamento de dividendos. No entanto, nesse caso, deve-se observar o número em vários anos, uma vez que as recompras de ações variam muito ao longo do tempo – por exemplo, a uma recompra de bilhões em um ano podem seguir-se pequenas recompras nos 3 anos subsequentes.

Para assegurar a consistência interna das premissas sobre dividendos, lucro e crescimento, é preciso incluir algum indicador ou medida da qualidade do reinvestimento dos lucros retidos. O retorno sobre o patrimônio líquido é a variável que mantém unidos os índices de pagamento de dividendos e o crescimento esperado.

Crescimento esperado do lucro = Retorno sobre o patrimônio líquido
× (1 – Índice de pagamento de dividendos)

A relação entre retorno sobre o patrimônio líquido, crescimento e dividendos é, portanto, fundamental na determinação do valor de uma instituição financeira. Correndo o risco do exagero, o principal número na avaliação de um banco não é dividendo, nem lucro nem crescimento esperado, mas o que se supõe venha a ser o *retorno sobre o patrimônio líquido no longo prazo*. Esse número, em conjunto com o índice de pagamento de dividendos, ajudará a determinar o crescimento. Voltando à avaliação do Citigroup em maio de 2023, o banco reportou retorno sobre o patrimônio líquido de 8,78% nos 12 meses anteriores. Nesse período, o Citi pagou dividendos correspondentes a 29,14% do lucro. Supondo que o índice de pagamento de dividendos continue inalterado, a taxa de crescimento esperada do Citigroup para os próximos 5 anos é de 6,22%:

Taxa de crescimento esperada = 8,78% (1 – 0,2914) = 6,22%

A Tabela 10.1 apresenta a previsão de lucro e de dividendos por ação para o Citi nos próximos 5 anos, presumindo que o custo e o retorno sobre o patrimônio líquido permaneçam bloqueados nos níveis atuais, em perpetuidade.

Tabela 10.1   Lucros e Dividendos Esperados do Citigroup em Maio de 2023

	Ano-base	1	2	3	4	5
Taxa de crescimento do lucro		6,22%	6,22%	6,22%	6,22%	6,22%
Retorno sobre o patrimônio líquido	8,78%	8,78%	8,78%	8,78%	8,78%	8,78%
Lucro líquido (US$ milhões)	US$ 14.845	US$ 15.769	US$ 16.750	US$ 17.792	US$ 18.898	US$ 20.074
Índice payout	29,14%	29,11%	29,11%	29,11%	29,11%	29,11%
Dividendos (US$ milhões)	US$ 4.326	US$ 4.591	US$ 4.877	US$ 5.180	US$ 5.502	US$ 5.845

Essa ligação entre crescimento, índice de pagamento de dividendos e ROE também é útil quando se chega à fase de crescimento estável, uma vez que, nesse caso, o índice de pagamento de dividendos que se usa para estimar o valor terminal deve ser:

$$\text{Índice de pagamento de dividendos com crescimento estável} = 1 - \frac{\text{Taxa de crescimento esperada}}{\text{ROE no período de crescimento estável}}.$$

O risco da empresa deve ser ajustado para refletir a premissa de crescimento estável, e, caso se usem betas para estimar o custo do capital próprio, eles devem convergir para a condição de crescimento estável. Com o Citi, admitimos que a taxa de crescimento esperada na perpetuidade, depois de 5 anos, seria de 3%, que o custo do capital próprio fica em 11,67% e que o retorno sobre o patrimônio líquido permanece em 8,78%.

$$\text{Índice de pagamento de dividendos com crescimento estável} = 1 - \frac{3\%}{8,78\%} = 65,82\%.$$

$$\text{Valor terminal} = \frac{\text{Lucro líquido no ano 6} \times \text{Pagamento de dividendos estável}}{\text{Custo do capital próprio} - \text{Taxa de crescimento esperada}}$$

$$= \frac{20074\,(1,03)\,(0,6582)}{0,1167 - 0,03} = \text{US\$ 156.964}$$

O desconto dos dividendos esperados para os próximos 5 anos (da Tabela 10.1) e do valor terminal, ao atual custo do capital próprio de 11,67%, gera um valor por ação de US$ 55,68, maior que o preço vigente de US$ 46,32, na época. Observe que a história dessa avaliação é pessimista, já que o Citigroup continua a gerar retorno sobre o patrimônio líquido bem abaixo do seu custo do patrimônio líquido, em perpetuidade, e continua envolvido em um negócio ruim, sem saídas de emergência. Apesar desse pessimismo, a ação ainda parece subvalorizada.

> **VETOR DE VALOR Nº 2:**
> **QUALIDADE DO CRESCIMENTO**
>
> O crescimento pode aumentar, destruir ou não afetar o valor. Que retorno sobre o patrimônio líquido você espera que a empresa gere, à medida que busca o crescimento?

Modelos de Geração de Caixa para o Patrimônio Líquido Mais atrás, neste capítulo, vimos a dificuldade de estimar as gerações de caixa quando as despesas de capital líquidas e o capital circulante líquido não são identificáveis com facilidade. No entanto, é possível estimar as gerações de caixa para o patrimônio líquido nas instituições financeiras, desde que se defina reinvestimento de maneira diferente. Nas instituições financeiras, os reinvestimentos geralmente são no capital regulatório; ou seja, o capital definido pelas autoridades reguladoras, que, por sua vez, determina os limites do crescimento futuro. Para estimar os reinvestimentos no capital regulatório, precisamos especificar uma meta de *índice de capital próprio contábil* que o banco pretende atingir. Essa proporção será profundamente influenciada pelas exigências regulatórias, mas também refletirá escolhas feitas pela administração do banco. Os bancos conservadores podem optar por manter índices de capital mais altos que os determinados pelas autoridades reguladoras, enquanto os bancos agressivos talvez se inclinem mais para o mínimo obrigatório.

Para ilustrar, vamos imaginar que você esteja avaliando um banco que tem US$ 100 milhões de empréstimos em aberto e capital próprio contábil de US$ 6 milhões. Vamos supor que esse banco espere gerar lucro líquido de US$ 5 milhões no próximo ano e que pretenda aumentar sua base de empréstimos em 10% durante o ano, ao mesmo tempo que eleva o índice de capital regulatório para 7%. Podemos calcular a geração de caixa para o patrimônio líquido da seguinte maneira:

$$\text{Lucro líquido} = \text{US\$ 5,00 milhões}$$
$$\text{Reinvestimento} = \text{US\$ 1,70 milhão (7\% de US\$ 110 milhões} - \text{US\$ 6 milhões)}$$
$$\text{Geração de caixa para o patrimônio líquido} = \text{US\$ 3,30 milhões}$$

Essa geração de caixa para o patrimônio líquido pode ser considerada dividendo potencial e substituir os dividendos no modelo. Generalizando a partir desse exemplo, os bancos com falta de capital regulatório devem valer menos que os bancos que reforçaram os amortecedores de segurança, uma vez que precisarão reinvestir mais a fim de que os índices de capital voltem aos níveis almejados. Aplicando essa abordagem ao Citigroup, em abril de 2023, o índice de capital de nível 1 do banco era de 14,8%, o que o incluía no quartil superior de grandes bancos. No entanto, a falência do Silicon Valley Bank apenas algumas semanas antes dessa avaliação talvez torne os bancos e reguladores mais conservadores, e presumimos que o índice de capital de nível 1 será aumentado para 15%, com o passar do tempo. Admitindo melhorias no retorno sobre o patrimônio líquido, no futuro, estimamos uma geração de caixa livre para patrimônio líquido do Citigroup de US$ 68,58 por ação, conforme mostrado na Tabela 10.2.

Estima-se o valor terminal presumindo uma taxa de crescimento de 3%, em perpetuidade, com um retorno sobre o patrimônio líquido de 9,5%:

Valor terminal do patrimônio líquido

$$= \frac{(\text{Lucro líquido no ano 6}) \times \left(1 - \dfrac{\text{Taxa de crescimento}}{\text{Retorno sobre o patrimônio líquido}}\right)}{\text{Custo do patrimônio líquido} - \text{Taxa de crescimento}}$$

$$= \frac{19.522(1,03) \times \left(1 - \dfrac{0,03}{0,095}\right)}{0,1167 - 0,03}$$

= US$ 158.972 milhões.

Tabela 10.2 Geração de Caixa Livre para o Patrimônio Líquido (em US$ milhões) pelo Citigroup em Maio de 2023

	Atual	1	2	3	4	5	Ano Final
Ativos ajustados pelo risco	US$ 1.142.985	US$ 1.177.275	US$ 1.212.593	US$ 1.248.971	US$ 1.286.440	US$ 1.325.033	US$ 1.364.784
Índice de capital no nível 1	14,80%	14,84%	14,88%	14,92%	14,96%	15%	15%
Capital de nível I	US$ 169.145	US$ 174.694	US$ 180.423	US$ 186.339	US$ 192.448	US$ 198.755	US$ 204.718
Mudança no capital regulatório (Nível 1)		US$ 5.549	US$ 5.729	US$ 5.916	US$ 6.109	US$ 6.307	US$ 5.963
Patrimônio líquido contábil	US$ 182.194	US$ 187.743	US$ 193.472	US$ 199.388	US$ 205.497	US$ 211.804	US$ 218.158
Retorno sobre o patrimônio líquido	8,78%	8,92%	9,07%	9,21%	9,36%	9,50%	9,50%
Lucro líquido	US$ 14.845	US$ 16.254	US$ 17.021	US$ 17.820	US$ 18.653	US$ 19.522	US$ 20.121
– Investimento no capital regulatório (Nível 1)		US$ 5.549	US$ 5.729	US$ 5.916	US$ 6.109	US$ 6.307	US$ 6.354
= GCLPL		US$ 10.705	US$ 11.291	US$ 11.904	US$ 12.545	US$ 13.215	US$ 13.767
Valor terminal do patrimônio líquido						US$ 158.792	
Valor presente		US$ 9.586	US$ 9.055	US$ 8.548	US$ 8.067	US$ 99.052	
Custo do patrimônio líquido	11,67%	11,67%	11,67%	11,67%	11,67%	1,67%	11,67%
Custo do capital próprio hoje =	US$ 134.308						
Número de ações em circulação =	1958,30						
Valor por ação =	US$ 68,58						

O valor do patrimônio líquido por ação é de US$ 68,58, maior que no modelo de desconto de dividendos; parte desse aumento resulta da melhoria no retorno sobre o patrimônio líquido ao longo do tempo, de 8,78% para 9,5%, e outra parte decorre da reavaliação do que o Citigroup está fazendo com seus lucros não distribuídos.

> **VETOR DE VALOR Nº 3:**
> **AMORTECEDORES REGULATÓRIOS**
>
> As deficiências (ou os amortecedores de segurança) do capital regulatório podem afetar os dividendos futuros. Como a sua empresa se situa quanto às exigências regulatórias referentes ao índice de capital?

Modelos de Retorno Excedente A terceira abordagem para a avaliação de instituições financeiras é usar o modelo de retorno excedente, em que retorno excedente é definido como a diferença entre o ROE e o custo do capital próprio. Nesse modelo, o valor do patrimônio líquido de uma empresa pode incluir a soma do patrimônio líquido aplicado aos investimentos em curso da empresa e o valor acrescido pelos retornos excedentes esperados para os investidores de capital próprio desses e de outros investimentos.

Valor do capital próprio = Capital próprio investido hoje
+ Valor presente dos retornos excedentes esperados
para os investidores de capital próprio

O aspecto mais interessante desse modelo é o foco nos retornos excedentes. Uma empresa que investe seu patrimônio líquido e aufere apenas a taxa de retorno justa do mercado sobre esses investimentos deve ver o valor de mercado de seu patrimônio líquido convergir para o capital próprio hoje investido. Uma empresa que aufere retorno abaixo das taxas de mercado sobre seus investimentos de capital próprio verá o valor de mercado do patrimônio líquido cair abaixo do capital próprio hoje investido. Os dois principais inputs do modelo de retorno excedente são o retorno sobre o patrimônio líquido e o custo do capital próprio.

Retorno excedente sobre o   (Retorno sobre o patrimônio líquido – Custo do capital próprio)
  patrimônio líquido   (Capital próprio investido)

O enquadramento do valor das instituições financeiras em termos de retornos excedentes também dá ideia da graduação risco/retorno por elas enfrentadas. Diante dos baixos retornos sobre o patrimônio líquido gerados pelas atividades bancárias tradicionais, muitos bancos se expandiram para operações de mercado. Os benefícios de entrar em novos negócios que oferecem taxas de retorno sobre o patrimônio líquido mais elevadas podem ser compensados em parte ou no todo pelo risco mais alto dessas atividades. Para analisar um banco, precisa-se olhar ambos os lados: o retorno sobre o patrimônio líquido que o banco gera com suas atividades e o risco daí decorrente a que está exposto. A abordagem de retornos excedentes também oferece *insights* sobre os efeitos das mudanças regulatórias no valor. Os aumentos nas exigências de capital regulatório reduzirão o retorno sobre o patrimônio líquido e, por extensão, os retornos excedentes e a avaliação dos bancos.

Podemos enquadrar a avaliação do Citigroup em termos de retornos excedentes, embora com uma reviravolta negativa. O valor contábil do patrimônio líquido do Citi no fim de 2022 era de US$ 182,19 bilhões. Como estamos presumindo nas avaliações de dividendos e de GCLPL que o Citi continuará a obter retornos sobre o patrimônio líquido bem abaixo do seu custo do patrimônio líquido, em perpetuidade, o valor presente desses retornos excedentes negativos, continuamente, reduz o valor contábil. Não é de surpreender que nossas avaliações estimadas para o banco estejam bem abaixo do valor contábil, em US$ 109,04 bilhões na avaliação de dividendos e em US$ 134,3 bilhões na avaliação de GCLPL.

Avaliação Relativa (Precificação)

Mantendo nossa ênfase na avaliação do patrimônio líquido das instituições financeiras, os múltiplos com que trabalharemos na análise de instituições financeiras serão os do patrimônio líquido – índices preço/lucro e índices preço/valor contábil.

O índice preço/lucro de um banco ou de uma seguradora é medido da mesma maneira que o de outras empresas, dividindo o preço corrente da ação pelo lucro por ação. Como em outras empresas, o índice preço/lucro deve ser mais alto no caso de instituições financeiras com taxas de crescimento esperado do lucro mais altas, índices de pagamento de dividendos mais altos e custo do capital próprio mais baixo. Questão específica das instituições financeiras é o uso de provisões para despesas esperadas. Por exemplo, os bancos, em geral, constituem provisões para empréstimos de liquidação duvidosa. Essas provisões reduzem o lucro e afetam o índice preço/lucro. Em consequência, os bancos mais conservadores na classificação de empréstimos de liquidação duvidosa reportarão lucros mais baixos, enquanto os menos conservadores reportarão lucros mais altos. Outra consideração no uso de múltiplos de lucro é a diversificação das instituições financeiras em vários negócios. O múltiplo que um investidor estiver disposto a pagar por um dólar de lucro de uma instituição financeira que concede empréstimos comerciais deve ser muito diferente do múltiplo que o mesmo investidor estará disposto a pagar por um dólar de lucro de uma instituição financeira que executa operações de mercado. Quando a empresa atua em múltiplos negócios, com diferentes características de risco, de crescimento e de retorno, é muito difícil encontrar empresas realmente equivalentes para fins de comparação dos múltiplos de lucro.

O índice preço/valor contábil de uma instituição financeira é o quociente da divisão do preço por ação pelo valor contábil do patrimônio líquido por ação. Tudo o mais mantendo-se igual, taxas de crescimento do lucro mais altas, índices de pagamento de dividendos mais altos, custos do capital próprio mais baixos e retornos sobre o patrimônio líquido mais altos resultam em índices preço-valor contábil mais altos, com o retorno sobre o patrimônio líquido sendo a variável dominante. A força da relação entre os índices preço/valor contábil e os retornos sobre o patrimônio líquido deve ser mais intensa em instituições financeiras que em outras empresas, porque o valor contábil do patrimônio líquido é muito mais propenso a acompanhar o valor de mercado dos ativos existentes. Mesmo enfatizando a relação entre os índices preço/valor contábil e os retornos sobre o patrimônio líquido, não ignore os outros fundamentos. Por exemplo, os bancos variam em termos de riscos, e é de esperar que, para qualquer retorno sobre o patrimônio líquido, os bancos mais arriscados apresentem índices preço/valor contábil mais baixos. Do mesmo modo, os bancos com potencial de crescimento muito maior devem apresentar índices preço/valor contábil muito mais elevados, não importa o nível dos outros fundamentos.

Suponha que você estivesse tentando precificar o Citigroup em maio de 2023. Com as ações sendo negociadas pela metade do valor contábil, a empresa é o banco mais barato dos 25 maiores dos EUA. Antes de concluir que é uma boa compra, convém notar que o Citigroup também apresentou uma das menores taxas de crescimento em depósitos nos últimos 5 anos, bem como um retorno sobre o patrimônio líquido abaixo da média, como se vê na Tabela 10.3, em que comparamos o preço do Citigroup ao do JP Morgan e aos dos 25 principais bancos, em conjunto.

Tabela 10.3   Precificação do Citigroup em Abril de 2023

	Citigroup	JP Morgan	25 maiores bancos (mediana)
Taxa de crescimento dos depósitos	3,74%	9,69%	10,66%
Índice de capital de nível	14,80%	14,85%	11,12%
Retorno sobre o patrimônio líquido	8,78%	14,53%	10,66%
Preço sobre valor contábil	0,50	1,53	1,04

Como também se observa, o JP Morgan prevalece sobre o Citigroup em todos os fundamentos, com maior crescimento em depósitos, uma taxa de capital de nível 1 ligeiramente mais alta e um retorno sobre o patrimônio líquido muito maior, mas suas ações são negociadas a uma taxa preço/valor contábil três vezes maior que as do Citigroup. Em suma, o JP Morgan é, notoriamente, o melhor banco, mas o Citigroup talvez seja o melhor investimento.

JOGOS DE VALOR

Historicamente, investir em instituições financeiras tem sido considerado estratégia conservadora para os investidores que querem dividendos altos e preferem estabilidade de preços. Hoje, esses investimentos exigem estratégia muito mais sutil e matizada, que vai além da observação da rentabilidade dos dividendos (*dividend yield*) e dos lucros correntes, para também considerar o risco potencial dessas empresas, examinando-se os seguintes aspectos:

- *Amortecedor de capitalização*: a maioria das instituições financeiras é regida por exigências regulatórias em relação ao capital. Procure empresas que não só cumprem, mas também superam essas exigências.

(continua)

- *Risco operacional*: o lucro pode variar muito entre as instituições financeiras de um setor (bancos, seguradoras). Procure empresas que operem sob risco médio ou abaixo, e que também apresentam bons lucros.
- *Transparência*: a transparência das demonstrações financeiras permite que os investidores façam melhores estimativas do valor. Além disso, a falta de transparência pode ser tentativa deliberada de ocultar os riscos. Procure empresas que forneçam detalhes sobre suas operações e sobre os riscos a que estão expostas.
- *Restrições significativas a novos entrantes no negócio*: alto retorno sobre o patrimônio líquido é fator fundamental para determinar o valor. Procure empresas que operem em negócios lucrativos com obstáculos significativos a novos entrantes.

Em resumo, invista em instituições financeiras que não só paguem altos dividendos, mas que também gerem retornos significativos sobre o patrimônio líquido, com base em investimentos relativamente seguros. Evite instituições financeiras que se excedam – investindo em negócios mais arriscados e com crescimento mais acelerado – sem amortecedores suficientes de capital regulatório.

Capítulo Onze

Investimentos em Montanhas-Russas

~

Avaliação de Empresas Cíclicas e de Commodities

Qual era o valor da Toyota Motors em 2007, quando a economia global estava em bonança e a empresa era lucrativa? E qual era a situação 2 anos depois, no auge de uma recessão? Caso se espere alta dos preços do petróleo, em quanto subirá a cotação das ações da Exxon Mobil? A incerteza e a volatilidade são fatores endêmicos nas avaliações, mas as empresas cíclicas e de commodities estão sujeitas a volatilidade ainda maior, por força de fatores externos, como altos e baixos da atividade econômica e movimentos dos preços das commodities. Mesmo as empresas maduras que atuam em setores cíclicos e de commodities apresentam lucros e gerações de caixa voláteis, fazendo com que os investimentos nelas mais pareçam montanhas-russas.

Neste capítulo, examinamos dois grupos de empresas. O primeiro inclui empresas cíclicas, de setores como habitação e automóveis, cujos lucros acompanham o crescimento geral da economia. O segundo abrange empresas de commodities, produtoras de mercadorias que se convertem em insumos para outras empresas (petróleo e minério de ferro) ou que se tornam colecionáveis (ouro, platina, diamante).

Ambos os tipos de empresas têm algumas características em comum que podem afetar a maneira como são avaliadas:

- *Ciclo econômico e do preço das commodities*: as empresas cíclicas estão à mercê dos ciclos econômicos. São altas as chances de que a maioria das empresas cíclicas sofra redução da receita em consequência de quedas significativas na atividade econômica e aumento da receita na recuperação da economia. As empresas de commodities, na maioria, não têm capacidade para influenciar os preços. Quando os preços das commodities sobem, todas as empresas produtoras se beneficiam, ao passo que, quando caem, até as melhores do setor sofrem redução no lucro.
- *Recursos finitos*: as empresas de commodities compartilham outra característica. Estão sujeitas à quantidade finita de recursos naturais do planeta; se o preço do petróleo aumentar, poderemos explorar mais petróleo, mas não criar petróleo. Ao avaliar empresas de commodities, esse fato não só influencia nossas previsões dos preços das commodities no futuro, mas também funciona como restrição à prática normal de assumir crescimento perpétuo (em nossos cálculos do valor terminal).

Quando avaliamos empresas cíclicas e de commodities, temos de considerar as consequências dos ciclos econômicos e dos preços de commodities e a maneira como as mudanças nos ciclos afetarão as receitas e os lucros. Também precisamos desenvolver maneiras de lidar com a possibilidade de dificuldades financeiras, não só em consequência de más decisões gerenciais ou de escolhas específicas da empresa, mas também das forças macroeconômicas.

QUESTÕES DE AVALIAÇÃO

Quando se avaliam empresas cíclicas e de commodities, os inputs estão sujeitos a fortes influências de macrovariáveis – o preço das commodities, no caso de empresas de commodities, e a situação da economia, no caso de empresas cíclicas. À medida que mudam os preços das commodities e as taxas de crescimento da economia, o lucro operacional antes das despesas financeiras dessas empresas variará ainda mais, por causa de seus altos custos fixos. Portanto, as empresas de commodities precisam manter em operação as minas (mineração), as reservas (petróleo) e as plantações (agricultura), mesmo durante as baixas nos ciclos de preços, uma vez que os custos de fechar e de reabrir as operações podem ser proibitivos. Essa volatilidade dos lucros se manifestará nos valores tanto do capital próprio quanto do capital de terceiros (afetando assim o custo do capital total), com a possibilidade de envolver riscos de dificuldades financeiras e mesmo de inadimplência até para as empresas mais saudáveis, se a situação macro se tornar muito negativa.

Os mesmos fatores também entrarão em cena nas avaliações relativas. Múltiplos de lucros, como múltiplos de P/L ou LAJIDA, oscilarão amplamente para empresas cíclicas e de commodities. Embora o potencial de crescimento possa variar entre as empresas, as taxas de crescimento também mudarão dramaticamente ao longo do ciclo.

SOLUÇÕES DE AVALIAÇÃO

A melhor maneira de avaliar empresas cíclicas e de commodities é olhar além das variações nos lucros e nas gerações de caixa de um ano para o outro e buscar os números subjacentes mais estáveis. Em geral, dispõe-se de três técnicas padrões para ajustar ou determinar a linha de tendência dos lucros e das gerações de caixa de empresas cíclicas.

1. *Média simples ao longo do tempo*: a abordagem mais comum de ajustamento dos números é apurar a média deles ao longo do tempo. A média deve abranger um período bastante longo para cobrir todo um ciclo. O ciclo econômico típico nos EUA dura de 5 a 10 anos. Trata-se de método simples, mas a adoção de números absolutos produzirá número baixo demais para uma empresa em crescimento.
2. *Média escalonada ao longo do tempo*: uma solução simples para o problema de crescimento é calcular as médias para uma versão relativa da variável ao longo do tempo, com o escalonamento em função das receitas ou do capital investido. Com efeito, uma alternativa é calcular a margem de lucro média ao longo do tempo, em vez do lucro em si, e aplicá-la às receitas no período mais recente para estimar o lucro ajustado.

3. *Médias do setor*: para empresas com histórico limitado ou não confiável, talvez faça mais sentido basear-se nas médias setoriais. Assim, podem-se computar as margens operacionais antes das despesas financeiras de todas as empresas siderúrgicas ao longo do ciclo e usar a margem operacional média antes das despesas financeiras para estimar o lucro operacional antes das despesas financeiras de determinada empresa siderúrgica. As margens setoriais tendem a ser menos voláteis que as de empresas individuais, mas essa abordagem não considerará as características específicas que levarão uma empresa a ser diferente do resto do setor.

Para ver o ajuste em ação, considere a avaliação da Toyota (TYT), no começo de 2009, quando ela ainda era considerada a empresa automobilística mais bem dirigida do mundo, e antes que a Tesla revolucionasse as ideias sobre o negócio de automóveis. No entanto, a empresa não estava blindada contra os altos e baixos da economia global e reportou prejuízo no último trimestre de 2008, indício de lucro muito mais baixo, talvez até de prejuízo, no seu exercício social de abril de 2008 a março de 2009. Aplicando a margem operacional média, antes das despesas financeiras e dos impostos, de 7,33%, auferida pela Toyota, de 1998 a 2009, às receitas dos 12 meses anteriores, de 22.661 bilhões de ienes, obtém-se uma estimativa do lucro ajustado.

Lucro operacional ADF* ajustado = 22.661 × 0,0733 = 1.660,7 bilhões de ienes

*ADF = Antes das despesas financeiras.

Supondo que a Toyota seja uma empresa madura, com taxa de crescimento estável de 1,5% e retorno sobre o capital de 5,09%, igual a seu custo de capital em crescimento estável, temos condições de estimar o valor de seus ativos operacionais hoje em 19.640 bilhões de ienes.

$$\frac{\text{Lucro operacional ADF } (1+g)(1-\text{Alíquota tributária})\left(1 - \frac{\text{Taxa de crescimento}}{\text{Retorno sobre o capital}}\right)}{(\text{Custo do capital} - \text{Taxa de crescimento})}$$

$$= \frac{1660,7(1,015)(1-0,40)\left(1 - \frac{0,015}{0,0509}\right)}{(0,0509 - 0,015)} = 19.640 \text{ bilhões de ienes.}$$

Adicionando o valor do caixa (2.288 bilhões de ienes) e as participações cruzadas (6.845 bilhões de ienes) ao valor do ativo operacional e subtraindo do resultado das dívidas (11.862 bilhões de ienes) e as participações minoritárias (583 bilhões de ienes), obtém-se o valor do patrimônio líquido. Dividindo esse valor pelo número de ações em circulação (3.448 bilhões), chega-se ao valor por ação de 4.735 ienes, bem acima do valor de mercado de 3.060 ienes, na época.

$$\frac{19.640 + 2.288 + 6.845 - 11.862 - 583}{3.448} = 4.735 \text{ ienes/ação}.$$

No caso das empresas de commodities, a variável que provoca a volatilidade é o preço da commodity. Em consequência, o ajuste das empresas de commodities deve basear-se em um preço de commodity ajustado.

> **VETOR DE VALOR Nº 1:**
> **LUCROS AJUSTADOS**
>
> As empresas cíclicas devem ser avaliadas com base no lucro em um ano econômico normal, não no lucro no topo ou no fundo de um ciclo. Olhando além dos altos e baixos dos ciclos econômicos, quais são os lucros ajustados de sua empresa?

Qual é o preço ajustado do petróleo? Ou do ouro? Há duas maneiras de responder a essa pergunta. Uma é observar o preço médio da commodity ao longo do tempo, ajustado pela inflação. A outra é determinar o preço justo da commodity, considerando a demanda e a oferta dessa commodity. Depois de ajustar o preço da commodity, é possível estimar quais seriam as receitas, os lucros e as gerações de caixa da empresa em avaliação ao preço ajustado. No caso da receita e do lucro, basta multiplicar o número de unidades vendidas pelo preço ajustado e adotar premissas razoáveis sobre os custos. Quanto aos reinvestimentos e aos custos de financiamento, serão necessários alguns julgamentos subjetivos sobre em quanto esses números teriam mudado ao preço ajustado.

O uso de preços de commodities ajustados para avaliar empresas de commodities está sujeito à crítica de que as avaliações assim obtidas refletirão as opiniões do avaliador sobre os preços das commodities e sobre a própria empresa. Para eliminar esse efeito, a maneira mais segura é adotar os preços de mercado das commodities nas previsões. Uma vez que a maioria das commodities é negociada em mercados a termo e futuros, podem-se usar os preços desses mercados para estimar as gerações de caixa nos anos subsequentes. A vantagem dessa abordagem é que ela vem com um mecanismo embutido de *hedge* contra o risco de variação nos preços das commodities. O investidor, se achar que a empresa está subavaliada, mas estiver inseguro sobre o que acontecerá com os preços das commodities no futuro, pode comprar ações da empresa e vender futuros de preços de petróleo como proteção contra movimentos adversos nos preços.

A Royal Dutch Shell, uma das maiores e mais antigas empresas petrolíferas integradas do mundo, gerou receita operacional de US$ 64.403 milhões, com receitas totais de US$ 381.314 milhões, em 2022. O preço médio do petróleo durante o ano foi de US$ 100,93 por barril, mas no momento da nossa avaliação da Royal Dutch, em agosto de 2023, o preço do petróleo havia caído para US$ 80,78 o barril. Para refletir o efeito da redução do preço do petróleo nas receitas e lucros, analisamos o histórico da Shell, apresentado na Figura 11.1, com o preço médio do petróleo sobreposto às receitas e ao lucro operacional da empresa.

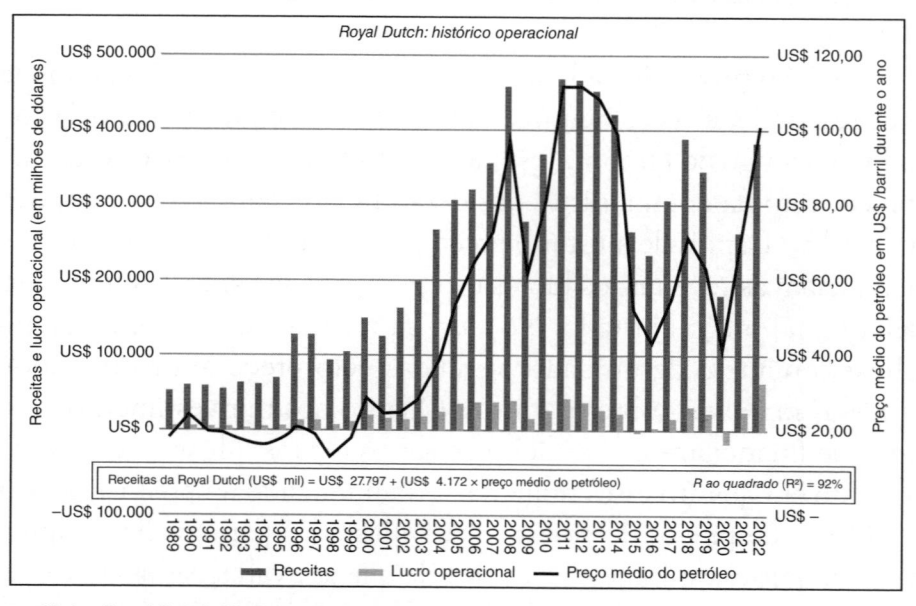

Figura 11.1 Royal Dutch Shell — receitas, lucros e preços do petróleo

Usando a regressão da receita para ajustar as receitas ao preço atual do petróleo (US$ 80,78), presumindo que as receitas cresçam 2% ao ano, com base na inflação esperada, a longo prazo, em dólares americanos, e reduzindo as margens operacionais antes dos impostos, de modo a refletir a média histórica de 10%, estimamos na Tabela 11.1 os fluxos de caixa esperados para a empresa.

Tabela 11.1 Fluxos de Caixa Esperados (em milhões) e Valor por Ação – Royal Dutch

	Ano base	1	2	3	4	5
Receitas	US$ 366.295	US$ 373.621	US$ 381.093	US$ 388.715	US$ 396.489	US$ 404.419
Margem operacional	17.58%	13.79%	11.90%	10.95%	10.47%	10%
Lucro operacional	US$ 64.403	US$ 51.527	US$ 45.333	US$ 42.556	US$ 41.528	US$ 40.442
Alíquota tributária efetiva	30%	30%	30%	30%	30%	30%
Lucro operacional depois do imposto	US$ 45.082	US$ 36.069	US$ 31.733	US$ 29.789	US$ 29.070	US$ 28.309
+ Depreciação	US$ 19.410	US$ 19.798	US$ 20.194	US$ 20.598	US$ 21.010	US$ 21.430
– Despesas de capital	US$ 22.600	US$ 23.052	US$ 23.513	US$ 23.983	US$ 24.463	US$ 24.952
– Variação no capital circulante líquido		US$ 366	US$ 374	US$ 381	US$ 389	US$ 396
= GCLE		US$ 32.449	US$ 28.041	US$ 26.023	US$ 25.228	US$ 24.391
Valor terminal						US$ 324.901
Retorno sobre o capital						
Custo do capital		9.11%	9.11%	9.11%	9.11%	9.11%
Fator de desconto acumulado		1.0911	1.1905	1.2990	1.4173	1.5464
Valor presente		US$ 29.739	US$ 23.554	US$ 20.034	US$ 17.800	US$ 225.873
Valor dos ativos operacionais	US$ 317.000					
+ Caixa	US$ 40.246					
+ Participações recíprocas	US$ 23.864					
– Dívidas	US$ 83.795					
– Interesses minoritários	US$ 2.125					
Valor do patrimônio	US$ 295.190					
número de ações	3957					
Valor por ação	US$ 74.60					

Para estimar o valor terminal, admitimos uma taxa de crescimento de 2% ao ano, em perpetuidade, e retorno sobre o capital de 10%:

Valor terminal

$$= \frac{(\text{Lucro operacional após impostos no ano 6}) \times \left(1 - \dfrac{\text{Taxa de crescimento}}{\text{Retorno sobre o capital}}\right)}{(\text{Custo do capital} - \text{Taxa de crescimento})}$$

$$= \frac{28.309(1,02) \times \left(1 - \dfrac{0,02}{0,10}\right)}{0,0911 - 0,02} = \text{US\$ } 324.901 \text{ milhões.}$$

Descontando os fluxos de caixa esperados ao custo de capital de 9,11%, obtemos um valor por ação de US$ 74,60/ação.

Esse valor por ação será função dos preços do petróleo, aumentando com preços mais altos e diminuindo com preços mais baixos. A Figura 11.2 representa graficamente o valor por ação da Shell, como reflexo do preço do petróleo.

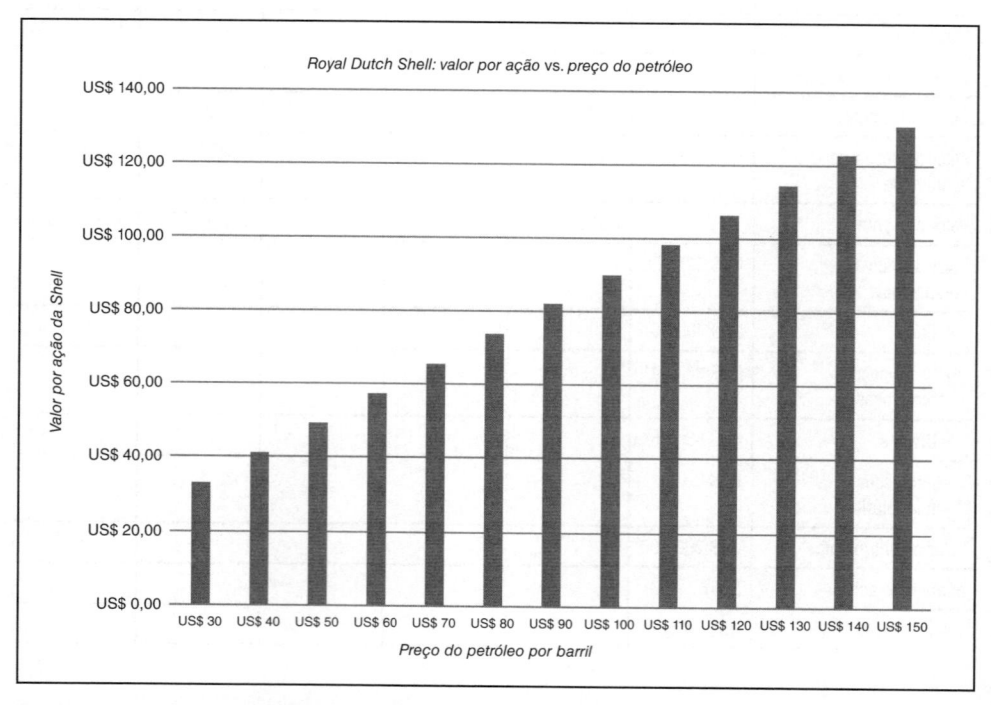

Figura 11.2   Royal Dutch Shell – Valor por Ação e Preços do Petróleo

Ao fazer essas estimativas de valor por ação, ajustamos as receitas aos preços do petróleo, com base nos resultados de regressão incluídos na Figura 11.1, e mantemos nossos pressupostos sobre margens, taxas de crescimento e custos de capital.

> **VETOR DE VALOR Nº 2:**
> **PREÇO DAS COMMODITIES**
>
> Os lucros das empresas de commodities variarão com os preços das commodities. No caso de sua empresa de commodities, qual é o preço ajustado da commodity em questão, e qual é o valor da empresa a esse preço?

AVALIAÇÃO RELATIVA (PRECIFICAÇÃO)

As duas variantes básicas que desenvolvemos na abordagem do fluxo de caixa descontado – uso de lucros ajustados ou adaptação da taxa de crescimento – também se aplicam à avaliação relativa de empresas cíclicas e de commodities.

Se os lucros ajustados de empresas cíclicas ou de commodities refletem as perspectivas de um ano normal, é preciso haver consistência na maneira como o mercado avalia empresas em relação a esses lucros ajustados. No caso extremo, em que não há diferenças de crescimento e de risco entre as empresas, os índices dessas empresas, com lucros por ação ajustados, também devem ser idênticos. No caso mais geral, em que as diferenças de crescimento e de risco persistem mesmo depois do ajuste, devem-se esperar diferenças nos múltiplos pelos quais as ações são negociadas. É provável que as empresas com lucros mais voláteis sejam negociadas a múltiplos mais baixos dos lucros ajustados do que as empresas com lucros mais estáveis. Também é de se supor que as empresas com maior potencial de crescimento sejam negociadas a múltiplos mais altos dos lucros ajustados do que as empresas com menor potencial de crescimento.

Caso se relute em substituir os atuais números operacionais de uma empresa por valores ajustados, os múltiplos a que são negociadas as ações de empresas cíclicas e de commodities mudarão ao longo do ciclo. Em especial, os múltiplos de lucros de empresas cíclicas e de commodities chegarão ao fundo no topo do ciclo e atingirão o topo no fundo do ciclo. Se os lucros de todas as empresas do setor se movimentarem no mesmo passo, haverá sérias consequências para a comparação dos múltiplos dos lucros correntes a que são negociadas as ações. Na verdade, podemos concluir que uma empresa siderúrgica com um índice de seis está bem avaliada no pico do ciclo, quando as empresas siderúrgicas em conjunto relatam altos lucros, e que a mesma empresa continua bem avaliada com um índice P/L de 15, no fundo do ciclo, quando as empresas siderúrgicas relatam lucros menores.

A Tabela 11.2 mostra os índices de preços para empresas petrolíferas usando os preços de mercado, de agosto de 2023, bem como números operacionais (receitas, lucros, valor contábil) dos últimos 12 meses e reservas de petróleo comprovadas (em milhões de barris).

Tabela 11.2 Índices de Grandes Empresas de Petróleo Integradas em Agosto de 2023

Nome da empresa	P/L	Preço por volume	VE/vendas	VE/LAJIDA	VE/capital investido	VE/barris de reservas comprovadas
Saudi Arabian Oil Company	16,70	5,10	4,16	7,95	5,41	11,11
Exxon Mobil Corporation	8,23	2,10	1,20	5,29	2,02	44,57
Chevron Corporation	9,82	1,85	1,42	5,92	1,80	61,17
Shell plc	6,93	1,04	0,68	3,54	1,04	52,24
PetroChina Company	8,28	0,83	0,47	3,11	0,85	32,91
TotalEnergies SE	7,60	1,30	0,71	3,20	1,25	29,45
BP p.l.c.	5,53	1,24	0,52	2,30	1,21	33,30
China Petroleum & Chemical Corporation	10,12	0,69	0,26	4,93	0,75	63,22
Equinor ASA	3,76	1,68	0,60	1,17	1,90	34,36
Petróleo Brasileiro S.A. (Petrobras)	2,70	1,27	1,08	2,15	1,17	14,56
Occidental Petroleum Corporation	8,14	1,84	2,38	4,61	1,51	39,27
Eni S.p.A.	5,00	0,85	0,51	3,14	0,88	20,43
Median	7,87	1,28	0,69	3,37	1,23	33,83

Olhando para a Shell, em comparação com outras empresas de petróleo dessa lista, ela parece barata com base em alguns indicadores de preços (P/L, preço/valor contábil), em linha com as outras empresas em valor da empresa (VE)/vendas e VE/LAJIDA, e supervalorizada em VE/capital investido e VE/barril de reservas comprovadas. Ainda que pareça confuso, trata-se de algo inerente à própria natureza da precificação, e um motivo para ser cético quando analistas concluem que o preço de uma ação está alto ou baixo com base em uma única relação de preços. Ao fazer comparações, é preciso controlar as diferenças em crescimento, risco e eficiência de investimento. Por exemplo, a Petrobras parece barata em termos de relação P/L e volume de reservas, mas o fato de ser brasileira a torna uma das empresas mais arriscadas desse setor de atividade.

ARGUMENTO DA OPÇÃO REAL PARA RESERVAS SUBEXPLORADAS

Uma crítica às abordagens convencionais de avaliação é que elas não consideram de maneira adequada o inter-relacionamento dos preços das commodities com as iniciativas de investimento e financiamento das empresas de commodities. Em outras palavras, as empresas de petróleo produzem mais petróleo e têm mais caixa para devolver aos acionistas quando os preços do petróleo estão a US$ 100 por barril do que quando estão a apenas US$ 20. Portanto, essas empresas têm opções de desenvolver suas reservas petrolíferas, que podem exercer depois de observar os preços do petróleo, e essas opções podem ser acrescentadas ao valor.

Mesmo que você nunca use explicitamente modelos de precificação de opções para avaliar reservas ou empresas de recursos naturais, daí decorrem algumas implicações para o valor.

- *A volatilidade dos preços afeta a avaliação*: o valor das empresas de commodities é função não só do preço das commodities, mas também da volatilidade esperada do preço. O preço importa por motivos óbvios – preços mais altos significam receitas, lucros e gerações de caixa mais altos. A maior volatilidade dos preços das commodities pode aumentar o valor de reservas subexploradas.
- *Empresas de commodities maduras* versus *em crescimento acelerado*: quando os preços das commodities se tornam mais voláteis,

as empresas de commodities que extraem maior proporção de seu valor de reservas subexploradas aumentarão de valor, em comparação com empresas mais maduras que geram caixa com reservas mais exploradas. Caso se perceba que a volatilidade dos preços do petróleo aumentou, ainda que o preço em si não tenha mudado, é de esperar que a Petrobras ganhe valor em relação à Exxon Mobil.

- *Exploração de reservas*: com o aumento da volatilidade dos preços das commodities, as empresas de commodities se tornam mais relutantes em explorar suas reservas, preferindo preservá-las, na expectativa de preços mais altos.
- *O valor da opção aumenta com a queda dos preços das commodities*: o valor das reservas de petróleo como opção é maior quando os preços das commodities são mais baixos (e as reservas são viáveis apenas marginalmente ou inviáveis de todo) e tende a diminuir quando os preços das commodities aumentam.

Quando se consideram as reservas subexploradas como opções, a avaliação por fluxo de caixa descontado em geral subestimará o valor das empresas de recursos naturais, uma vez que o preço esperado da commodity é usado para estimar a receita e o lucro operacional antes das despesas financeiras. Mais uma vez, a diferença será maior no caso de empresas com reservas significativas subexploradas e de commodities cujos preços são mais voláteis.

Jogos de Valor

Ao investir em empresas de commodities também se está investindo na commodity objeto. Há duas maneiras de se reconhecer esse fato na estratégia de investimento. Na primeira, assume-se posição nos preços das commodities e investe-se nas empresas que mais se beneficiarão com o movimento de preços previsto. Assim, se os preços das commodities estiverem baixos e caso se acredite que eles subirão bastante no futuro, o retorno será maior em empresas com reservas significativas subexploradas das commodities e recursos financeiros suficientes para sobreviver

(continua)

a curto prazo aos movimentos de preços adversos. Na segunda, aceita-se que não se é bom previsor dos preços das commodities e se concentra o foco na seleção das melhores empresas do setor. Buscam-se, então, empresas com reservas significativas de baixo custo e que sejam eficientes na descoberta e exploração de novas reservas. Para proteger-se contra movimentos nos preços das commodities no futuro, usam-se futuros e opções de commodities para fazer o *hedge* ao menos parcial dos investimentos nas empresas.

Também se dispõe de duas estratégias de investimentos análogas que se podem adotar no caso de empresas cíclicas. A primeira é confiar nas previsões referentes ao crescimento da economia em geral. Caso se acredite que o crescimento da economia como um todo será mais forte do que supõe o resto do mercado, devem-se comprar ações de boas empresas cíclicas, que se beneficiarão da maior aceleração da economia. Essa estratégia é mais promissora em períodos de prostração ou letargia econômica, quando os investidores estão reagindo em excesso aos indicadores econômicos correntes e vendendo ações de empresas cíclicas. A segunda é uma estratégia de avaliação mais convencional, em que se reconhece a própria incapacidade de prever os ciclos econômicos e se concentra a atenção na compra das melhores pechinchas em cada setor cíclico. Em especial, o que se pretende é encontrar empresas cujas ações sejam negociadas a múltiplos dos lucros ajustados mais ou menos semelhantes aos de outras empresas do setor, ao mesmo tempo que geram maiores margens de lucro e maiores retornos sobre o capital total em bases ajustadas.

Conclusão: Por maior que seja o cuidado com que se faz o dever de casa, as empresas cíclicas e de commodities estarão sujeitas a altos e baixos nos lucros e nos preços, em consequência dos ciclos econômicos e dos ciclos de commodities. Ironicamente, as maiores oportunidades de ganhar dinheiro decorrerão desses movimentos cíclicos.

Conclusão

Regras do Jogo

Quanto mais as coisas mudam, mais continuam as mesmas. Ao empregarmos técnicas tanto de avaliação intrínseca quanto de avaliação relativa para estimar o valor de diversas empresas situadas em diferentes momentos de seus respectivos ciclos de vida, desde a Zomato, jovem empresa em crescimento acelerado, até a Bed, Bath and Beyond, empresa cujos melhores dias ficaram para trás, seguimos um script familiar. O tema recorrente é que o valor depende de ingredientes duradouros: geração de caixa, crescimento e risco, embora os efeitos de cada um possam variar entre as empresas.

INGREDIENTES COMUNS

Não importa que tipo de empresa se esteja avaliando, é necessário decidir o objetivo da avaliação (apenas patrimônio líquido ou toda a empresa), escolher a abordagem que se usará para estimar o valor (avaliação intrínseca *versus* avaliação relativa) e determinar os principais componentes desse valor.

Ao avaliar uma empresa, pode-se optar por considerar apenas o patrimônio líquido ou envolver todo o negócio. Caso se avalie a empresa, pode-se chegar ao valor do patrimônio líquido adicionando de volta os ativos que ainda não foram avaliados (caixa e participações recíprocas) e subtraindo as obrigações (dívidas). A escolha é importante porque todos os inputs – geração de caixa, crescimento e risco – devem ser definidos de maneira consistente. Na maioria das empresas avaliadas neste livro, estimamos o valor do negócio e daí calculamos o valor do patrimônio líquido. No caso das instituições financeiras, nossa incapacidade em definir as dívidas e estimar as gerações de caixa realmente nos forçou a adotar modelos de avaliação do patrimônio líquido.

Também é possível avaliar uma empresa com base em seus fundamentos, chegando a seu valor intrínseco, ou precificar a partir dos preços de mercado de empresas semelhantes. Embora ambas as abordagens ofereçam estimativas de valor, elas respondem a perguntas diferentes. Na avaliação intrínseca, a pergunta a que se responde é: Está essa empresa sub ou sobreavaliada, considerando como o mercado está precificando outras empresas semelhantes? No exemplo da Alphabet, no Capítulo 7, a abordagem de avaliação intrínseca nos levou a concluir que a empresa estava sobreavaliada, enquanto o método de avaliação relativa nos teria induzido a considerar que o preço da ação está justo ou subestimado.

Tanto na avaliação intrínseca quanto na avaliação relativa, o valor da empresa se baseia em três ingredientes: gerações de caixa pelos ativos existentes, crescimento esperado dessas gerações de caixa e taxa de desconto que reflita o risco dessas gerações de caixa. Na avaliação intrínseca, somos explícitos sobre nossas estimativas desses inputs. Na avaliação relativa, tentamos controlar ou, de alguma maneira compensar, as diferenças entre as empresas quanto a esses inputs, ao compararmos como eles são precificados.

DIFERENÇAS DE ÊNFASE

Os modelos e as abordagens são idênticos para todas as empresas, mas as escolhas que fazemos e a ênfase que damos aos inputs variam entre as empresas. Os vetores de valor que foram enfatizados em cada capítulo refletem as mudanças de foco, na medida em que as empresas se movimentam no ciclo de vida e entre os setores.

Esses vetores de valor são úteis não apenas para investidores que querem identificar as empresas em que vale a pena investir, mas também para os gestores dessas empresas, em termos de onde devem concentrar a atenção para aumentar o valor de seus negócios.

E A RECOMPENSA

Pode-se ganhar dinheiro com as avaliações? A resposta depende de três variáveis. A primeira é a qualidade da avaliação. As avaliações cuidadosas, baseadas em melhores informações, devem gerar melhores retornos que as avaliações negligentes, baseadas em rumores ou em dados questionáveis. A segunda é o *feedback* do mercado. Para ganhar dinheiro, mesmo com a avaliação mais benfeita, o mercado precisa corrigir seus erros. As recompensas da avaliação tendem a ser mais velozes e mais lucrativas em mercados mais eficientes. Em termos mais egoístas, o desejável é que o mercado seja eficiente, de um modo geral, mas que contenha bolsões de ineficiência temporários, a serem explorados. O terceiro e último fator é sorte. Ainda que isso contrarie o senso de justiça, a sorte pode superar a boa avaliação. Embora nem sempre se tenha sorte, pode-se reduzir o impacto da sorte sobre os retornos, espalhando as apostas entre muitas empresas que foram consideradas subavaliadas. A diversificação ainda é importante!

Tabela C.1 Vetores de Valor no Ciclo de Vida e em Diferentes Setores

Categoria	Vetores de valor
Jovens empresas em crescimento	Crescimento da receita, margem-alvo, probabilidade de sobrevivência
Empresas em crescimento acelerado	Crescimento gradual, sustentabilidade da margem
Empresas maduras	Folga operacional, folga financeira, probabilidade de mudança da administração
Empresas decadentes	Valor de empresa em continuidade, probabilidade de calote, consequências do calote
Instituições financeiras	Risco da ação, qualidade do crescimento (retorno sobre o patrimônio líquido), capital regulatório
Empresas cíclicas e de commodities	Lucros ajustados, retornos excedentes, crescimento a longo prazo
Empresas com ativos intangíveis	Natureza dos ativos intangíveis, eficiência dos investimentos em ativos intangíveis

PALAVRAS DE DESPEDIDA

Não se deixe intimidar por especialistas e por profissionais de investimentos. Com muita frequência, eles usam as mesmas informações que você e não conhecem as técnicas de avaliação melhor que você.

Não tenha medo de cometer erros. Espero que, mesmo que nem todos os seus investimentos sejam rentáveis, o processo de analisar investimentos e de estimar o valor lhe proporcione tanta alegria quanto para mim.

AS 10 REGRAS DO JOGO

1. Sinta-se à vontade para abandonar modelos, mas não se afaste dos primeiros princípios.
2. Ouça os mercados, mas não permita que eles determinem o que você deve fazer.
3. O risco afeta o valor.
4. O crescimento não é gratuito e nem sempre aumenta o valor.
5. Tudo o que é bom um dia acaba. Nada dura para sempre.
6. Cuidado com o risco de truncamento; muitas empresas não chegam lá.
7. Observe o passado, mas pense no futuro.
8. Siga a lei dos grandes números. A média é melhor que um número isolado.
9. Aceite a incerteza, encare-a e saiba lidar com ela.
10. Converta histórias em números.

Índice Alfabético

A

Abordagens estatísticas, 127
Acesso a capital, 108, 152
Acompanhamento e controle das despesas, 108
Ajuste
- para a sobrevivência, 100, 102
- pelo risco regulatório e pelo risco do negócio, 159

Alavancagem financeira, desvantagens, 142
Alíquota tributária, 38, 39
Amortecedor(es)
- de capitalização, 169
- regulatórios, 166

Análise financeira, 24
Antecedentes de mercado, 113
Anuidade ou série, 12, 13
- crescente, 13

Ativos
- de curto prazo, 18
- imobilizados e de longo prazo, 18
- intangíveis, 18
- não operacionais, 136

Aumento do caixa e retorno, 130
Avaliação(ões)
- algumas verdades sobre, 6
- como ponte, 69, 70
- de empresas
- - cíclicas e de commodities, 171
- - em crescimento acelerado, 111
- - em decadência, 141
- - maduras, 129
- de instituições financeiras, 155
- de jovens empresas, 91
- do empreendimento ou da empresa, 29
- dos ativos operacionais, 118
- erradas, 7
- intrínseca, 4, 30, 93, 95, 115
- /precificação com base em ativos, 65
- relativa, 4, 67, 104, 126, 150
- simples, 8
- tendenciosas, 6

B

Balanço patrimonial, 18
- contábil, 23
- financeiro, 23, 24

Bancos, 155
- de investimentos, 155

Beta, 16, 159
- alavancado, 37

C

Capacidade de endividamento, 130
Capital
- circulante líquido, 31, 33
- investido na empresa, 23

Capitalistas de risco, 5
Ciclo
- de vida, 104
- econômico, 172

Competição, 72
Consequências da dificuldade financeira, 150
Consolidação, 18
Contabilidade, 18
- pelo valor justo, 6

Contagem das ações, 47
Contingências de remuneração em ações, 46
Controle das diferenças
- de crescimento, 115
- de risco, 115

Correlação, 26

Crescimento
- da receita, 77, 129
- de qualidade, 121
- gradual, 128
- movido a aquisições, 130

Custo
- das vendas, 21
- de agência, 134
- do capital
- - de terceiros, 39
- - próprio, 37, 39, 159
- - total, 135

D

Demonstração
- contábil dos fluxos de caixa, 18, 22
- de resultados contábeis, 18, 21

Dependência em relação a pessoas-chave, 108
Desconexão contábil, 112
Desconto, 12
- dos dividendos esperados, 163
- pela perda de pessoas-chave, 103

Desempenho histórico, 92
Desinvestimento de ativos, 142

Despesa(s)
- de capital, 20
- - líquida, 31
- financeiras, 20, 21
- operacionais, 20, 21

Desvio-padrão, 24
Desvios na história, 86
Determinação do valor relativo, 51
Dificuldade financeira, 143

Distribuição(ões)
- de frequência, 25
- do índice P/L, 57
- normais e enviesadas, 25

Dívidas ou capital de terceiros, 112

Dividendo(s)
- aumentados, 31
- e recompra de ações, 142
- potencial, 31

E

Eficiência do investimento, 78
Empresa(s)
- cíclicas e de commodities, 171, 173
- comparáveis, 94, 114, 143
- de commodities maduras *versus* em crescimento acelerado, 181
- de investimentos, 156
- em crescimento acelerado, 111

Equação da regressão, 27
Erros de estimativa, 8
Escolha de múltiplos, 114
Estabilização, 123
Estatística, 11, 24

Estimativa
- da futura geração de caixa, 95
- das taxas de desconto, 98
- de valor, 100
- do crescimento sustentável, 41

Estruturas de recompensas e punições, 7
Exclusividade, 108
Expectativa do custo da falência, 134
Exploração de reservas, 182
Extensão do período de crescimento acelerado, 133

F

Fatores
- institucionais, 6
- para o valor, 80

Feedback, 84
Ferramentas, 11
Fluxos de caixa, 30
- simples, 12
Foco, 73

Folga
- financeira, 136
- operacional, 133

G

Geração de caixa, 30, 43
- livre para o patrimônio líquido, 31
- para a empresa, 33
- para os bancos, 157
- pelos ativos existentes, 132

Goodwill, 18, 19
Gráfico de dispersão, 26
Grande(s)
- mercado potencial, 108
- pagamentos aos acionistas, 142

H

História
- de negócios, 71, 72
- e crescimento no mercado total, 71
- financeira da empresa, 71

I

Impairment do *goodwill*, 19
Impostos, 21
Incerteza específica da empresa, 8
Inclinação, 27
Incompatibilidades, 62
Indicador(es)
- de desempenho, 140
- de incompatibilidade, 62
- financeiros dinâmicos, 112
Índice(s)
- de capital próprio contábil, 163
- de cobertura de despesas financeiras, 38
- de endividamento, 135
- preço-lucro (P/L), 24, 55, 60
- - de um banco, 167
- preço/valor contábil de uma instituição financeira, 168
Intercepto, 27
Investidores
- ativistas, 138
- em empresas de capital fechado, 5

L

Limpeza de inconsistências contábeis, 116
Liquidez, 104
Lucratividade, 19, 21, 22, 78
da empresa, 19
dimensionada para receita (margens), 22
Lucro(s)
- ajustados, 175
- antes dos impostos, 21
- bruto, 21
- dos proprietários, 33
- líquido, 20, 21
- operacional, 20, 21

M

Macroeconomia, 72
Marcação a mercado, 156

Margem(ns)
- declinantes ou negativas, 142
- estáveis, 130
- líquida, 22
- operacional, 21
- sustentáveis, 120, 128
Market share, 73
Média(s), 24
- do setor, 174
- escalonada ao longo do tempo, 173
- simples ao longo do tempo, 173
Mediana, 25
Métricas prospectivas, 105
Modelo(s)
- de desconto de dividendos, 158
- de geração de caixa para o patrimônio líquido, 163
- de precificação de ativos financeiros (*Capital Asset Pricing Model* – CAPM), 16
- de retorno excedente, 166
- substitutos, 17
Mudança(s)
- da administração, 131
- da alavancagem financeira, 132
- na história, 86
Múltiplos, 55, 58, 62, 105, 127
- ajustados, 127

N

Negócio da empresa, 71
Normas internacionais de contabilidade (IFRS), 96
Notas promissórias comerciais, 32

O

Oferta pública inicial (IPO), 73
Opção
- excludente, 133
- real para reservas subexploradas, 181
Oportunistas de mercado, 5

P

Participação(ões)
- minoritária, 18, 46
- recíprocas, 46

Passivo(s)
- circulante, 19
- não circulante, 19
- significativos, 46

Patrimônio líquido, 29, 93

Perfil de risco compatível com o
- crescimento e com os números operacionais, 121

Perpetuidade
- crescente, 14
- ou série infinita, 14

Planejamento de recursos empresariais, 36

Polimento pós-avaliação, 7

Portfólio de mercado, 16

Potencial
- de mudança da administração, 140
- operacional, 152

Precificação, 53, 54, 66, 67, 104, 126, 150

Preço
- certo, 128
- das commodities, 172, 179
- do risco, 17

Prejuízos operacionais, 92

Prêmio de risco
- da ação, 36
- implícito, 36

Princípios contábeis geralmente aceitos (GAAP), 96

Private equity, 5

Probabilidade
- de dificuldade financeira, 148
- de mudança na gestão, 138

Proxy models, 17

Q

Qualidade do crescimento, 163

Queda dos preços das commodities, 182

R

Rating sintético, 38

Receita(s)
- de vendas, 21
- estagnadas ou decrescentes, 142
- financeira, 21
- pequenas ou inexistentes, 92

Recompras de ações, 31

Recursos finitos, 172

Reestruturação
- de dívidas, 152
- financeira, 133
- operacional, 132

Regime de competência, 19

Regressão
- de mínimos quadrados ordinários (MQO), 26
- simples, 26

Reinvestimento, 40, 98

Relação entre risco e crescimento, 159

Remuneração baseada em ações, 93

Rentabilidade, 21

Restrições significativas a novos entrantes no negócio, 170

Retorno
- esperado, 17
- real, 12
- sobre o capital, 23
- - investido, 23
- sobre o investimento, 40
- sobre o patrimônio líquido, 23, 60, 161
- - líquido no longo prazo, 161

Risco, 11, 15-17, 35
- das operações, 123
- de fracasso, 79
- de mercado, 16
- de sobrevivência, 105
- do capital próprio ou da ação, 160
- do negócio, 159
- operacional, 78, 170
- regulatório, 159
- relativo ou beta, 36

Ruídos de aquisição, 132

Rupturas na história, 86

S

Saldos dos fluxos de caixa ou geração de caixa, 30

Seguradoras, 155

Sistema de alerta avançado, 140

Sobrevivência, 94, 104

Spread de inadimplência, 38

T

Taxa(s)
- de crescimento, 39, 40, 43, 44
- - da economia, 129

- - esperadas, 133
- de desconto, 12
- de reinvestimento, 34, 41, 44
- - no crescimento estável, 45
livre de risco, 36
Tempo, 11
Teste(s)
- 3P, 75, 76
- analíticos, 59
- conceituais, 55
- de aplicação, 62
- descritivos, 56
Trajetória para a lucratividade, 97
Transparência, 170

V

Valor(es)
- da mudança da administração, 137
- da opção, 182
- de entidade em continuidade, 42, 148
- de mercado, 52, 53, 139
- - da empresa, 52
- - do patrimônio líquido, 52
- - dos ativos operacionais, 53
- do ano-base, 114
- do ativo operacional, 125
- do capital próprio, 166
- do empreendimento, 53, 61
- do patrimônio líquido, 60, 125
- - por ação, 125
- dos ativos operacionais, 45
- esperado por ação, 140
- intrínseco
- - de uma empresa, 114
- - por ação, 48
- justo, 3
- no tempo, 105
- padronizados e múltiplos, 52
- por ação, 46
- presente, 11
- relativo, 66
- terminal, 42, 43, 100
- - do patrimônio líquido, 164
Value accounting, 6
Vantagens competitivas, 130
Variável(is)
- a serem multiplicadas, 104, 143
- acompanhante, 61
Venture capitalist, 5
Vetores de valor, 187
Volatilidade dos preços, 181